爸爸来自火星，妈妈来自金星，孩子来自安德罗墨达星

〔韩〕金大铉 著 金 红 译

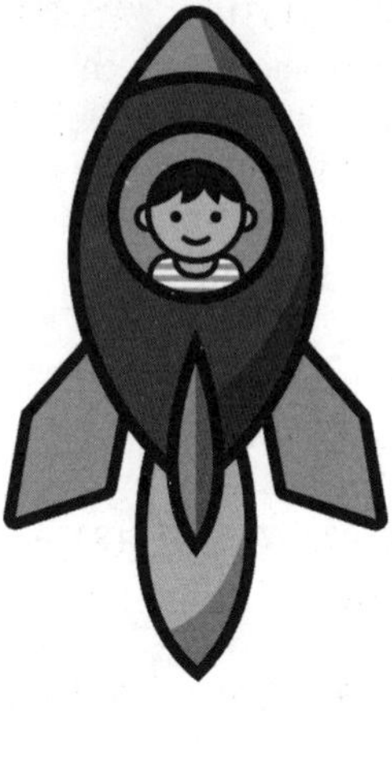

中国妇女出版社

图书在版编目（CIP）数据

爸爸来自火星，妈妈来自金星，孩子来自安德罗墨达星 /（韩）金大铉著 ；金红译. -- 北京 ：中国妇女出版社，2020.5
ISBN 978-7-5127-1833-3

Ⅰ.①爸… Ⅱ.①金… ②金… Ⅲ.①家庭关系②家庭教育 Ⅳ.①C913.11②G78

中国版本图书馆CIP数据核字（2020）第013152号

著作权合同登记号 图字：01-2016-8157

爸爸来自火星，妈妈来自金星，孩子来自安德罗墨达星

作　　者：〔韩〕金大铉 著 金红 译
责任编辑：王琳
封面设计：季晨设计工作室
责任印制：王卫东
出版发行：中国妇女出版社
地　　址：北京市东城区史家胡同甲24号　　邮政编码：100010
电　　话：（010）65133160（发行部）　　65133161（邮购）
网　　址：www.womenbooks.cn
法律顾问：北京市道可特律师事务所
经　　销：各地新华书店
印　　刷：北京通州皇家印刷厂
开　　本：150×215　1/16
印　　张：14.25
字　　数：150千字
版　　次：2020年5月第1版
印　　次：2020年5月第1次
书　　号：ISBN 978-7-5127-1833-3
定　　价：39.80元

前言

不好意思，爸爸来晚了

家庭中的有效沟通和无效沟通都会传给下一代

儿子从军队回家休假。

晚上，全家聚在一起，吃着葱饼，喝着小酒，开心地聊着天。大家聊着聊着，就聊到父亲角色这个主题上。我终于等到向儿子说出自己想法的机会了。其实，我想说的只是具有象征意义的“爸爸位置”，就是现实生活中的“餐桌位置”。

“儿子，将来等你有了孩子，不管有什么事情都要坚守你在餐桌旁的位置。不要以工作和登山锻炼为借口，缺席周末的家庭聚餐。对于孩子来说，爸爸的位置就在餐桌旁。”

儿子瞪大双眼，惊讶地问我：

“爸爸，您不是说吃饭的时候不许说话吗？”

“是的，我以前是这样说过。吃饭的时候安安静静地吃，才是有礼貌的行为。爸爸从爷爷那里学到很多规矩，我曾以为这些就是生活的全部。真对不起，我意识到这些不对的时候已经太晚了。在你还是小孩的时候，饭桌上没有任何对话实在很可惜。我现在只想告诉你这些。儿子，希望你不要忘了爸爸说的话。”

虽然我无法保证儿子记住我所说的话，并在将来去实践它，但是我为了能与儿子有相处的时间进行深入的交谈，在不断努力。我一定要把自己平生后悔的事情都说出来，因为我认为自己有这个责任。

要知道，家庭中的有效沟通和无效沟通是代代相传的。

孩子会继承父母的外貌、性格、体质和食物偏好。这里虽有遗传的作用，但家人每天朝夕相处会对此产生很大的影响。成长在有效沟通和对话不间断的家庭中的孩子，成年后将有很大概率经营出与自己生活过的环境相同的家庭。

在互不关心、无交流的冷漠家庭中成长的孩子，成年后即使想经营出和睦的家庭，也会感到力不从心。因为他们从来没有学习过、观察过，无法了解和睦家庭的价值。

“孩子因为像我个子矮，因为像我头发少，因为像我有鼻炎，因为像我数学不好，因为像我特别害羞……”

这是很多父母因为有负罪感而经常说的话，但我从来没有见过像下面这样的父母：

“因孩子像我而与别人不能很好地沟通，因孩子像我而不能理解他人的想法，因孩子像我而对别人的话嗤之以鼻……”

事实上，这些才是最棘手的问题。沟通、理解他人想法等不仅是社会生活所必需的，也是让自己的日子过得幸福必须具备的能力。

作为家庭沟通专家，我经常会被问到下面这个问题：

“无法沟通怎么办？”

丈夫对妻子、妻子对丈夫、父母对子女、子女对父母无一例外，都无法沟通。他们说的是母语，而不是英语、法语等外语，但仍无法沟通。难不成在彼此的耳中这些话都变成了外星语？这正是我写这本书的理由。

如果不能耐心倾听，如果不能闭上嘴巴倾听，如果不能忍住反驳对方，那么令人奇怪的是，家庭成员口中说出来的话将会变成让人无法读懂的火星语、金星语和安德罗墨达星语。毕竟，不倾听就不会产生同理心，不产生同理心就不会去爱。家庭是爱的港湾，但爱也可能会成为枷锁。

于是，家中便有人想要打破禁锢的枷锁。本书就是为了防止爱成为枷锁这样的事情发生，并为恢复家庭成员之间的关系而写成的。

第一章讲述家庭无法沟通的根本原因。第二章以男人与女人的根本差异为基础，讲述夫妻之间如何进行有效沟通。第三章会提出沟通的重中之重，即父母与子女的沟通，并讲述如何使沟通达到立竿见影的效果。最后一章告诉大家让所有家庭成员都能幸福的沟通法。

那么，你们现在有没有信心用最佳方式与家人沟通呢？

改变需要勇气和决心，你们都具备了吗？

其实，你们只要拿出魄力就可以了。

闭紧嘴巴倾听，无条件地赞扬，说一说“无用的废话”吧！

即使无法给孩子留下大笔遗产，我们也可以留下沟通的能力。

— 目 录 —

Chapter 01 生活在一起的“外星人”

无法沟通，无法理解，无法去爱

Chapter 02

我们来自不同“星球”

男女本质不同——丈夫与妻子间的沟通

Chapter 03

你从哪个星球来的

与孩子的沟通犹如解码

Chapter 04

为了我们的宇宙

超越差异和障碍，一起快乐地生活吧

Chapter

01

生活在一起的“外星人”

无法沟通，无法理解，无法去爱

01

您家可安好

虽然结婚被某些人说成“疯狂的事”，但人们依然会结婚。韩国现在有句流行语：“老公不理想等于给自己找了个敌人，老婆不理想也是这样。”这里我们有必要参考歌德笔下的婚姻生活——以冷静为基石，从美好的恋爱开始。

男人与女人都憧憬着幸福的家庭生活。夫妻结缘，生下子女，人人如此。但是，经营一个幸福的家庭并不如想象的那么容易。蒙田说过，“经营一个家庭比统治一个国家还要难”。由此可见，经营一个家庭本身就非常不容易了，更别说还要经营一个幸福的家庭，这可真是难上加难。

“最喜欢妈妈，还是爸爸？”

这是我们经常问孩子的一个问题，很幼稚，但对小孩来说却十分严肃。而且，现实生活中如果真有成人这么问，可能会遭殃，因为孩子有可能这样回答：

“我喜欢爸爸，爸爸呢？”

家长不经心的提问，反倒被孩子问住了。如果是您，您会给出什么样的答案呢？有句俗话说：“子女聪慧是父亲的福气，子女粗心是母亲的担心。”为什么会有这样的话呢？这句话既充满父母对子女的期待和牢骚，也是家庭生活的真实写照。

总而言之，您已经结婚了，婚姻建构在美好的恋爱之上，之后又获得了爱情的结晶。无论您身为丈夫还是妻子，都梦想着通过沟通获得幸福的家庭。如果不是这样，您也就没必要读这本书了。既然如此，就让我们一起开启家庭沟通之旅吧。

“家和万事成”，这样的话听上去有点儿古老，而且理解起来也毫不费力。我们都知道，如果家庭和睦，那么所有的事情都会水到渠成。因此，我给身为丈夫、妻子和子女的你们提供的方法都十分简单实用，好使大家能够轻松营造出幸福的家庭。

“我们是生活在幸福指数高的国家吗？”

这个问题有着各种各样的答案，但不可否认，我们的幸福指数可以比现在稍微再高一点儿。这可能实现吗？当然了，只要

无法理解
无法沟通
无法爱
无法呼应

幸福的家庭比现在再多一点儿就可以。通过观察幸福家庭，就能看出使自己幸福的方法和原则。只要把这些方法和原则传播开，幸福的家庭自然就会多起来。这是多么简单的事啊！

下面，我们先来看看家庭的意义是什么。家庭是我们出生以后最先产生关系的地方。不管我们要在家庭中维系怎样的关系，感受什么样的情感，它们都会伴随我们一生。家庭关系的形式会直接影响我们成人后的人际关系。简单说，得到很多关爱和呵护的孩子比得不到关爱的孩子，自尊感要强一些。当孩子成年以后，由于自尊感起到的作用是积极的，孩子受到好影响的可能性也会高一些。

但是，孩子无法选择成长的环境。与在好环境下出生、自尊感高的孩子相比，自尊感低的孩子在处理人际关系时遇到困难的概率更高。由此可见，家庭有可能是幸福的开始，也有可能是不幸的开始。

您会为此感到惊讶吗？您是否无法同意“家庭是不幸的开始”这样的说法呢？人活一世离不开人际关系，而人际关系的开始是与妈妈建立的关系。这也是成长过程中与家庭成员发生关系的开始。但是，孩子从幼儿时期受到父母错误的影响，就会造成价值观和性格的偏离。这种情况着实令人感到可惜、着急。父母本身并不知道自己会带给孩子错误的影响，而且世界上没有父母想带给孩子不幸，可让孩子不幸的父母却不在少数。这就是家庭不幸的开始。

假定有个孩子性格过于胆小谨慎。其实，这个孩子可能并不是一出生就胆小谨慎，而是在成长过程中被过度呵护导致的结果。家中第一个孩子并不是因为第一个出生而被称为“老大”，而是因为用老大的方式养育才被称为“老大”。所以，在每个家庭中，老大和老大有着相似之处，而老二和老二也有着相似的特性。

但是，孩子本身并不希望形成胆小谨慎的性格，因为这会给他在以后的人际交往中带来很多困难。如果孩子在成年后因此出现交往困难，那么家庭真的可以说既是幸福的开始，也是不幸的开始。不过，无论是孩子还是父母，都不知道造成这个事实的原因，而且还忽略了问题的严重性。

家家有本难念的经。幸福家庭的经营秘诀是不让小毛病变成大问题，具体方法就是沟通。家庭中的小问题依靠沟通就可以毫不费力地解决，但是往往有很多可以依靠沟通解决的问题，却错过了沟通的最佳时机，最后演变成大问题。

俗话说，夫妻如果投缘恩爱，家庭便能兴旺、和睦，子女也能健康成长。家里面欢声笑语不断，说明夫妻关系好。一般管这样的夫妻叫绝配。评定夫妻是否投缘有三个标准，一是内在，二是外在，那么第三个是什么呢？第三个标准是学者最近才发现的，他们将其命名为“第三匹配”，也就是语言匹配（对话匹配）。能让夫妻长久幸福地生活下去的关键，正是对话的匹配度。

沟通的快乐首先是彼此相知的快乐。语言相通的人能够成为好朋友。职场生活中语言相通，即使是上下级之间也能成为很好的朋友。在家庭中，语言相通的成员也会更亲近一些。假设夫妻俩是在30岁时结婚并活到100岁，如果语言不通的话很难一起生活70年，而且过那样的日子也没意思。所以，大可将“笑能万福来”改成“沟通万福来”，毕竟“家和万事成”的根源是“夫妻和万事成”。

夫妻之间与子女之间对话交谈的方法有时会出现问题。交流包括方式和语气两方面。我在访问加拿大的时候曾和孩子一起去汉堡店就餐，孩子代替英语蹩脚的我点了汉堡。虽然不知道店里的人与孩子说了什么，但在仔细观察后，我发现这家店的主人非常不喜欢亚洲人。

如果我的英文足够流利的话，我会向店主抗议，甚至会用拳头“对话”。从那个加拿大人的语气和说话的神态中，我虽听不懂他在说什么，但却充分体会到其中含有的厌烦、蔑视的态度。然而，这种会带给对方伤害的蔑视态度，也会出现在夫妻之间、父母和子女之间的交流中。可见，既有给人们带来幸福感的语气，也有给人们带来伤害的语气。

但最大的问题是，我们并没有意识到自己说的话存在问题，也没有意识到自己的话会伤害别人。其实，这样讲话是在对自己的爱人和孩子使用语言暴力。如果经常使用语言暴力，那么家人就会感到无力和抑郁，甚至自尊心也会受到极大的伤害，一辈子都会活得很压抑。语言暴力的可怕之处在于，加害者完全不知情，受害者也意识不到，双方都不知道自己是加害者或受害者。而且，语言暴力会毫无疑问地传给下一代。沟通不畅源于不正确的语言习惯。我们必须了解，家庭有可能从舒服的小窝变成束缚的绳索。不要忘记，改善有问题的对话方式，就是向幸福家庭迈进一步。

小贴士

我们在家庭中维系怎样的关系，经历什么样的情感会跟随我们一辈子。

家庭关系是成人后众多人际关系建立的基础。

家庭能成为幸福的开始，也能成为不幸的开始。

家庭既可以是港湾，也可以是枷锁。

02

善良对话法与毒舌对话法

爸爸妈妈和子女组成一个家，但是这个家存在3个问题。第一个问题，相互无法沟通；第二个问题，相互无法理解；第三个问题，也是最终结论，相互没有关爱之心。到最后这种地步就相当于外星人生活在一起的状态。生活在一起的外星人最需要的就是对话，只有对话才能沟通，只有沟通才能理解，只有理解才能发出爱之芽。

家庭成员之间是否有充足的交流呢？这个问题不是光看表面就能得到答案的，而是需要我们深入了解家庭的氛围。越觉得丈夫与妻子、父母与子女没有问题，其实越危险，因为危机都是在放松的时候找上门。要想进行善良对话，就需要知道“善良对话法”。具体来说，这种对话法就是将危机转化成机会的对话方式。

经营幸福家庭的出发点正是善良对话法。与善良的人相对的，就是邪恶的人，即坏人、狠毒之人。因此，善良对话法的反面就是毒舌对话法。

参加聚会和会议经常迟到的英国前首相丘吉尔，在首次竞选下院议员时，受到对方候选人的猛烈攻击。

“你懒到连约定的时间都不遵守，又怎么能成为下院议员呢？连时间都无法遵守的人怎么会去遵守与国民之间的约定呢？请你立刻退出竞选！”

对于初涉政坛的人来说，这句话真是致命攻击，而且也是毒舌对话的开始。“总是无法遵守时间”“约会经常迟到的人”“总是迟到的人”，没有哪个国民会喜欢不遵守约定的人，所以如果被问的是您，您会怎么回答呢？丘吉尔毫不慌乱地这样回答道：

“假如你也像我一样与漂亮的老婆一起生活，早晨也就不会起得那么早了。”

丘吉尔这种无所谓的态度使众人哈哈大笑。这不仅是向人们炫耀他的妻子很漂亮，也是告诉人们他有多么爱自己的老婆。而且更深刻地体现出，丘吉尔与妻子沟通顺畅，与妻子相互理解，非常爱自己的妻子。之后，丘吉尔在选举时以绝对的票数优势当选，使得上述回答成为将危机转化成机会的典范。

但是，这里需要明确指出的是，家也能变成枷锁。家族也好，家庭也罢，有时也会成为阻碍沟通的枷锁。观察和检查家庭成员之间沟通时所用的对话方法，是解决所有问题的唯一出发点。

具体来讲，什么样的对话会成为问题呢？首先要分析一下，人为什么会感到受了伤害。结论就是对方的“嘴”。我们不经过任何思考就说出的话，可能会伤害到对方，这便是使用不正确的对话方式导致的伤害。

可最严重的问题是，家庭成员之间并不知道自己的对话法有问题，因此导致长期对彼此造成伤害。这种伤害虽有强弱之分，但不管怎样这都是语言暴力、语言虐待，甚至会发展成犯罪。

那么，我们怎么才能知道自己所使

用的对话法是有问题的呢？当然，这并不用去请教专家。当孩子逐渐没有兴趣与父母进行对话，家人之间只要对话就会提高嗓门，只有爸爸或妈妈一个人在不停地发言，孩子突然很激烈地反抗或有暴力倾向等现象出现的时候，对话法就是有问题的。由此可见，这其实并不难发现。

多数“外星人家庭”都有一个共同点，即家中充满毒舌对话法。这种现象的根源在于父母过分强调自己的威严。子女可以继承父母的财产、性格、外貌，当然也会继承沟通对话的方法。儿子能从蔑视母亲、对母亲使用粗暴语言的父亲那里学到什么呢？女儿又能从蔑视父亲的母亲那里学到什么呢？

无意识地使用毒舌对话法，会给家庭成员带来什么样的影响呢？暴力式的语言不仅带给对方伤害，而且会使对方不安、焦虑，甚至引起愤懑。就连无法说话的自然事物都会受语言的影响，更何况人呢？

让我们具体观察一下家人之间所使用的致命式不正确语言。当然，我们无法轻易地具体划定哪些是致命语言，但大致可以分为3种：第一，以自己的判断为标准；第二，拿对方与他人进行比较；第三，无视或要求对方。

首先，看一下“以自己的判断为标准”的语言。

“你是一个不负责任的人。”

“为什么撒谎？你是个爱撒谎的人。”

家人之间在进行对话的时候，如果听到这样的话，有谁会突然反省和接受自己的错误呢？即使真的犯了错，当事人听了这些话也会产生反感和防御心理。

其次，“拿对方与他人进行比较”的语言。

“怎么花那么多钱？看看隔壁哲秀妈多会过日子啊！拜托，省着点儿花吧。”

“你要是能赶上你哥一半，我就知足了。”

丈夫将自己的妻子与隔壁哲秀精明的妈妈比较，那么妻子的回答十有八九会是这样：

“那你和哲秀妈过吧！”

妈妈将孩子与学习好的哥哥相比较也会产生同样的效果。当听到妈妈说自己要是能赶上学习好的哥哥一半时，孩子只会感到自尊受到伤害，进而觉得自己非常悲惨，讨厌没有任何过错的哥哥。

虽然判断和比较的对话法有问题，但更严重的是“强调”的语气。

“你可是一家之长，全家都靠你养活！”

我也没说你什么也不干呀？总是强调什么呀！

“你必须考上名牌大学！”

谁不想去名牌大学啊！只不过没那个实力。

多数对话方式我们都是从父母那里学到的，我们的父母也是从他们的父母那里学到的。很久以前，残暴的国王为了维持自己的权力，欺压奴役百姓。为了将百姓的自尊感全部抹杀，让其产生卑微的感觉，国王会调整语气。他称自己是天，百姓是地，圣恩浩荡。而百姓没有任何批判地追随着国王，对权力没有一点儿反抗，成为顺从的臣民。国王使用的语言就属于暴力语言，但是当今社会还有人仍在使用这样的语言。

“妈妈让你做你就得做，哪儿那么多废话！”

“你知道什么呀就顶嘴！”

这样的语言带给家人伤害，引起反抗，导致家庭不和。

我本人已将治疗毒舌对话法看作毕生的事业。假如有人问我应该如何改正暴力式语言和不好的对话法，我将会给出很简单的答案。不去继承不好的东西，继承好的、善良的，即戒掉从父母那里得到的不好的对话习惯，给子女留下好的、正确的对话法。因此为了这些，父母也要去学习好的对话方式，夫妻之间也要使用适宜的对话法。

但是，如果认为和谐是自然而然产生的，那就错了。无论是外在表现还是内在想法，都需要双方努力才能改正，所以语言的和谐并不是自然形成的。不用什么都一次完美地解决，要从最简单的事情做起。把每一步做好，这个家庭内部就会产生变化，成为治愈家庭，而不再是独裁家庭。

有人这样问过我，努力研究说话的方法，是不是就能友善地对话呢？不客气地说，这真是无知的提问。把话说好了是要去卖保险吗？把话说好了是要去拿下合同订单吗？家庭需要的不是协商和说服，因为家庭不是商业经济、业务对象，家庭是以感情为基础，需要沟通的集体。

现今社会，人们已经把话说得极其完美了。从小学开始，老师就教学生如何讨论，大学生们制作课题的技术已经达到登峰造极的程度了。那么，把话说得漂亮，家庭就幸福吗？父母是因为话说得不好，才和孩子断绝沟通的吗？在我看来，是话说得太多，才无法沟通的。

首先，有必要减少说话的量。不要想说什么就说什么，认真整理后再说话的习惯会改善家庭成员的关系。连夫妻之间的沟通都成问题，怎么能奢望父母和子女之间沟通顺畅呢？所以，“家和万事成”其实就是“夫妻和万事成”。

印第安人在祈雨时从来没有失败过，因为他们会一直把祈雨祭进行到下雨为止。如果是真心实意地爱着我们的另一半和子女，那么请真挚地使用善良对话法，摒弃毒舌对话法。一定不要放弃，要坚持到成功为止。

小贴士

不正确的对话法一般分为3类：

第一，以自己的判断为标准；

第二，拿对方与他人进行比较；

第三，无视或者要求对方。

如果是真心地爱护对方的话，请开始使用善良对话法，并且用祈求下雨直到成功的印第安人的诚意，坚持到成功为止。

拜托，闭上嘴巴好好听

一名男子这样问神父：

“神父，在向上帝祈祷的时候可以抽烟吗？”

神父的表情变得很难看，但没有说什么。这时感觉到不对的男人又问神父：

“神父，在抽烟的时候突然想起上帝可以祈祷吗？”

神父的表情立刻明朗起来。其实，祈祷时抽烟和抽烟时想祈祷是一样的，只是提问题的方式发生了180度的转变。从中，我们能感受到对话法是多么重要。

对话的时候难免会出现话说的时间长些和多些，但没有人喜欢听别人唠叨。虽然进行对话很好而且非常重要，但有时候，竖起耳朵认真倾听也会起到重要的作用。这就是倾听重要的理由。

一直在外国生活的儿子为了服兵役而回国，所以我和儿子两个人要在一起生活两个月。我想和儿子友好地相处，而且从父亲的角度来说，我还有非常多的话想对他说。

想着怎么做才好的时候，我给自己定下3个原则：第一，绝对不能发火；第二，即使是好话也不多说；第三，闭上嘴倾听。特别是第三点，我遵守得特别好。不从判断、指正、纠正的角度去说话，只是倾听就可以起到很大效果。一次和儿子去登山，虽然有很多想对儿子说的话，但我还是选择了倾听。没想到，儿子将这段时间我不知道的事情一一道来，说了自己的大学生活以及女朋友等我没有去问的事情。我真的很高兴，偷偷地背着儿子仰望天空，心里喊着“谢谢”。儿子将闭上的嘴打开的时候，我感受到儿子将心门也打开了。这之后，只要儿子打开紧闭的话匣子，我就会选择无条件倾听。闭嘴倾听是真理。

现在该是您向我提出问题的时候了。有好的倾听方法吗？有！家人开始讲话的时候，怎能打断他的话呢？无条件地倾听和没有疑心地倾听，才会将对方的话听进去。难道对自己的丈夫、妻子和子女都做不到这点吗？

无条件倾听是促使沟通不足的家庭开始沟通的好方法。这个方法只要立刻实施，您就能感觉到对方敞开了心扉，能够感知对方话多了起来。在这个瞬间到来之前，请一定闭嘴倾听，耐心等待！

有“用倾听就能获得对方的心”这样的话。以听得心。我给男性演讲的时候经常说这句话，告诉他们希望家庭和睦就要当好妻子和孩子的听众，这样才能获得他们的心，得到家庭的稳定。仔细想想，一分钱不花，只要花点儿时间倾听，就能得到妻子和孩子的心，多好啊！

假如不去认真倾听子女所说的话，那么就有可能会发生知道给便利店老板准备生日礼物，却不知道自己爸爸生日的事情。下面，我给大家讲一个真实的案例。

有一位高中生去便利店买烟，便利店老板一眼就认出他是个高中生便没有卖给他，但对他说：“如果真的特别想抽烟的话就来找我，我会给你的。”高中生真的去找他了。就这样，两人一来二去成了好朋友，孩子感到便利店老板比父母更理解和关心自己。这个孩子觉得，在这个世界上还没有谁这么认真地听过自己的心声，而便利店老板却可以真诚地安慰自己。因此，这个高中生为便利店老板的生日准备了礼物。被父母视为珍宝的孩子就这样将自己的心献给了别人。

自古以来，认真倾听都能获得对方的心。但这并不简单，大部分的丈夫都认为听妻子说话是一件很难的事情。为什么呢?出生后的3年里一般人都能学会说话。但是，学会正确倾听需要30年，要不然我怎么还在教大家闭上嘴只倾听呢？无论是配偶还是子女，只要开始说话，我们就闭上嘴巴去听，不要去判断，不要想着去帮忙，只是认真地听就足够了。仅是认真倾听，就会让对方敞开心扉。

一天，孩子说：

“妈妈，我累。”

孩子是想得到妈妈的安慰，怀着急迫的心情向妈妈发着牢骚。但是，妈妈却这样回答：

“你累什么啊？妈妈比你还累呢。”

以这种无所谓的态度说话，就会使交流无法进行下去。这时所需要的是倾听，只要竖起耳朵听，不要插话，就会有效果，也会给对方很大的安慰。如果谁的话都不想听，或者一说话就会遭到反驳，怎么还会有继续说下去的心情呢？将气氛搞糟，还强迫孩子好好思考，这就是父母。所以，孩子的问题99%都是父母的问题。

无论对方是配偶还是子女，要想持续让对方说话，最好的办法就是倾听。孩子只对能够倾听自己的人敞开心扉，所以不要想着给对方答案。很多孩子宁愿向自己的朋友倾诉，因为朋友不会说出责备的话，而会耐心倾听和理解自己。

古罗马人处理夫妻吵架的方法很独特，当吵得不可开交的时候，他们就会登上神殿。夫妻双方走入空无一人的神殿，一方开始倾诉，另外一方需要遵守规则，只倾听，而不能进行带有情绪的反驳。假如妻子哭诉自己在幼年时期受到了委屈和伤害，丈夫只要认真地听了，就会在妻子倾诉完后给予温暖的拥抱。从妻子的角度来说，虽然丈夫倾诉不满的时候她也想反驳和辩解，但也会在认真倾听完以后，微笑着点头表示理解和宽慰。这对夫妻进入神殿和走出神殿时判若两人。这就是共情，只有产生共情才会产生沟通。这也是我们闭上嘴倾听产生的效果，家人之间的对话，并不是从说话开始，而是从倾听开始。

当子女没有像父母期待的那样表现，父母也没有必要焦躁不安。一定要记住，只要用心地利用倾听这个方法，就能达到意想不到的效果。

干练幽默的美国总统罗斯福，在任职期间，因从来没有产生过焦躁不安的情绪而出名。某日，新闻记者向总统提问：

“总统先生，您在焦躁不安的时候怎样安抚自己的情绪呢？”

总统的回答很简单：

“吹口哨。”

记者十分疑惑地继续问道：

“可没有人听过总统吹口哨啊？”

这时，总统笑了一下，回答道：

“当然了，到现在为止我还没吹过口哨。”

如果总统焦躁、沮丧、自暴自弃，肯定会影响国民。同理，父母也会对子女产生这样的影响。我们父母急需改正的是，无论何时都要教育孩子的想法。对话并不是一味地去说好听的话，而是认真倾听。一定要改变自己的观念，我们父母大多不是认真听孩子说什么，而是说自己想说的话。说好听的话能改变孩子的这个想法是错的，只有好的倾听才会让对方发生改变。没有话说得不对的父母，大家说的都很在理，但没有几对父母能认真倾听孩子所说的话。只要去改变，就能带来好的开始。

扪心自问，我们是否有过哪怕一次不去判断、反驳孩子所说的话，有没有和孩子说过因为他说这些自己感到“真高兴，谢谢”。重要的是持续不断地实践，所以一定要抛弃一次就能彻底改变的想法。如果父母突然对孩子说：“你说什么，我都会好好听的。”孩子肯定会说：“妈妈，你哪里不舒服吗？”仔细想想，冰冻三尺非一日之寒，错误也不是一天就形成的，所以只想用一天的时间去改变全部错误，是不可能的。一年，或者哪怕只是一个月，让我们闭紧嘴巴，诚心诚意地倾听，静静地去等待。

不用担心，会等待的人一定能获得成功。

小贴士

父母没有必要因为孩子没有实现自己的期待而焦躁不安。一定要记住，只要用心倾听，情况就会比现在有所改善。并不是好话让孩子发生变化，好的倾听才能改变对方。

04

沉默是屎

这又是怎么回事？为了让大家学会倾听，我刚才说得口干舌燥，现在怎么又说沉默是屎了呢？我之前所说的倾听和沉默是有着明显区别的，虽然为了敞开心扉要倾听，但是一味沉默就无法对话了。

沉默是冷漠、不关心，将对话断绝。为了防止对话的中断，我们要查出原因并解决，并想着克服这些再开始对话。所以，主导对话的人的态度很重要。我们可以口是心非，但身体不会撒谎。观察身体反应，比用测谎仪还有用。对话是由语言形态和非语言形态两方面组成的，态度是自身都无法察觉的非语言形态，发挥着比语言信息还要有力的作用。

过去，法国有很多用预言蛊惑百姓的预言家，法王路易十一

下令将那些预言家全部抓起来并进行处罚。有一天，路易十一在得知已将首屈一指的预言家逮捕的消息后，决定亲自审问他。

“你如果真是预言家的话，就预测一下你的命运吧。你还能活多久？”

“陛下，虽然无法预测到准确的日期，但我确信自己只比陛下早死4天。”

这是以生命作为赌注进行的对话。在身陷囹圄的情况下，预言家绝妙的答话挽救了自己的生命，使路易十一无法下令处死他。这里有我们不能忽视的一点，即虽然预言家说的内容发挥了一定的作用，但如果他的语气不够确信无疑和冷静，表情不够无所畏惧，将无法挽回国王的心。

在家庭的对话中，态度很重要。但实际上，大部分人都轻视这一点。假定夫妻之间或是父母与子女之间进行对话时，双方都叉着腰，表明一开始就没有想倾听的意思。一般情况下，这种姿态只代表毫无顾忌地说自己想说的话的态度，即便自己并不是能左右对方生死的路易十一。

以叉腰的高姿态说的话不是对话，而是一般的训斥。这种对话即使进行100天也没有任何效果，反倒会使对话双方恶语相向。这就好比父母手里拿着鸡毛掸子，嘴里却说着“我不会训你的”一样。孩子又不傻，一看到鸡毛掸子，身体就会立即警戒起来，怕掸子落在自己身上。父母这样口是心非地与孩子对话，只会促使孩子撒谎。如果这种情况经常发生的话，夫妻之间或是家人之间的对话肯定会越来越少，最后变成外星人家庭。不同的说话态度会带给对方不同的感觉，所以比起说话内容，说话人的态度更加重要。这就好比食物盛在不同的盘子会带给人不同的感觉一样，好的话要有好的态度才能收到更好的效果。

让我们来看看，什么样的态度会收到更好的效果。学者亚瑟·瓦瑟尔提出了SOFTEN原则，这是一种在人际交往时会让对方感到受关注的非语言态度。

与好语言相呼应的好态度——SOFTEN原则

Smile：面带微笑。
Open：开放的姿势，避免叉腰、抬下巴。
Forward lean：向对方倾斜身体。
Touch：适当的身体接触。
Eye：目视对方。
Nod：呼应对方。

双方坐的位置也很重要，比起面对面坐着，坐成一排会更好一些。除此之外，更重要的是有一颗照顾自己和对方感受的心。与有这种心态的人对话，比起与没有这种心态的人对话，效果会很不一样。不同的树怎么会结出相同的果实呢？一定要记住SOFTEN！

苏格拉底告诫我们要“认识自己”。如果我们了解自己的沟通类型，那么对方也会理解我们并适当地调整情绪。人们在遇到矛盾的时候会有不同的反应，有回避或者放任的人，也有愤怒想要征服的人。当然，最正确的是通过沟通将矛盾解决的人。

小测试

了解自己的沟通类型

丈夫下班回家，客厅里凌乱不堪，到处散落着物品，妻子正训斥孩子。如果您是那位丈夫的话，您会说什么呢？请从下面选项中进行选择。

1. “都给我安静点儿！真烦人。”
2. 什么都不说（沉默），进入房间。

3．“你到底能干点儿什么，连个家也收拾不好，孩子也看不好！”

4．“亲爱的，今天有什么不开心的事情吗?”

让我们分析一下选项。

选择1和3是尊重自我却无视对方感受的类型，选择2是无视自我但尊重对方感受的类型，选择4是既尊重自我也尊重对方感受的类型。

虽然这个测试十分简单，但是测试结果却不容忽视，因为选项中包含着很大的意义。

与选项1接近的人在对话时，有可能会给对方带来伤害，恶化双方的关系，使家人陷入不佳状态。

与选项2接近的人在对话时会让对方成长，却让自己退步，进而形成防范的态度。

与选项3接近的人在对话时会让自己成长、对方退步。

与选项4接近的人在对话时会使双方共同成长，将双方关系发展得更好。

您会选哪个选项呢?

一定要知道的是，如果自己选择的沟通方法有问题，会让自己挚爱的伴侣、可爱的孩子、善良的朋友受到伤害，而且这种伤害不会轻易地得到治愈。

在暴力中，我们无法估量其程度的就是语言暴力。有问题的对话法相当于严重的暴力。如果不及时改正自己所用的暴力式对话法，那么我们的孩子将学会用同样方法对话，使孩子的孩子也受到伤害——不幸是可以传给下一代的。

从上面测试中，我们就能找到引发夫妻对话中断的外部因素。我接下来将会告诉大家如何改变这种情况。

首先，在忙碌之余，夫妻之间也好，家人之间也罢，无交流已经成为常态。虽然这也是无可奈何的事情，但放任不管的话，情况会越来越糟糕。解决方法很简单，找到核心问题并融入其中。夫妻或家人之间要有意识地增加接触的时间，合适的方法就是每天花10分钟，夫妻一起喝喝茶，一周进行一次二人约会，或者散散步、培养共同爱好等。在饭桌上与子女的交谈也是非常重要的，家长要坚持不训斥、不嘲笑，倾听就好。

其次，如果交谈的主题有一定的局限性，交谈就无法持续下去。仔细观察就会发现，夫妻之间对话的内容往往涉及钱、日常生活、婆家或是娘家等。例如，吸尘器出故障了，应该带孩子去医院，要出差，子女的学习成绩怎样等。要学着换换话题，把沉重的换成轻松的，将重要的换成细小的，例如从对方喜爱的明星、新闻、故事或是电子游戏、电影、体育入手，再到餐桌上的饭菜，等等。

最后，电视、网络、手机等文明产物反倒剥夺了家人之间的对话时间。手机和网络很容易使人沉迷其中，同时还让人变得孤立，尤其加大了家长和子女交谈的难度。这点是我们在进行家庭对话中尤其要注意的。我们要设立一个人人不使用手机的空间。向孩子宣布在家庭中禁用手机的空间，就像为孩子挪开电视一样，拿走了孩子手中的手机。要想培养孩子的克制能力，大人有必要率先做榜样。我曾在饭店看过一大家子吃完饭都拿着手机看的场面，这真是恐怖、奇怪的一幕。这不就是外星人一家吗？现代社会在家里应该立一个远离手机的家训。

达尔文的著作《物种起源》的核心内容就是，适应变化的物种才能存活下来。由此可见，并不是头脑聪明和强壮有力的物种，而是那些会应对和适应变化的物种能取得最后的胜利。虽然“沉默是金”是句好格言，但我们也要承认这个世界已经发生了改变。

小贴士

因为有了“对话的前提是倾听”的概念，所以有些人在聚会中总是沉默不语。但倾听和沉默是不同的概念，充分倾听对方的话之后，应该用温柔的眼神和真诚、轻快的话语回应对方，不要给对方与墙对话而不是与人对话的感受。

请忘掉“沉默是金”这句格言，世界已发生了变化！

为了我们的家庭，制造幸福的20条准则

1.家人伤心的原因往往是语言不当造成的。

2.检查自身的对话法是否有问题。

3.子女不仅仅从父母那里继承财产，遗传性格和外貌，还能继承对话法。

4.多多赞扬。

5.用好的代替错的。要中止从父母那里继承的不良对话习惯，要把好的对话习惯传承下去。

6.家和万事成。只有家庭和睦了，万事才能顺利。

7.家庭既能成为幸福的开始，也能成为不幸的开始。

8.学会思考和沟通。经营一个幸福家庭的秘诀无非就是大事化小，小事化了。

9.不是“笑能万福来”，而是“沟通万福来”。

10.想成为天造地设的夫妻，需要具备3种和谐因素：第一是内在，第二是外在，第三是语言匹配。

11.摒弃语言暴力。语言暴力的可怕之处在于施暴者和受害者都不能自觉。

12.请倾听。仅仅倾听就会改变现状。良好的倾听可以改变对方。

13.要么闭上嘴巴，要么放弃沉默把话说好，两者选其一。

14.好的语言需要好的态度才会取得更好的效果。

15.有意识地增加夫妻或家人之间相互接触的时间。

16.要立下家规。

17.有对话才会有沟通，有沟通才会有理解，有理解才会有爱的萌芽。

18.不正确的对话法一般分为以自己的判断为标准，拿对方与他人进行比较，以及无视或者要求对方。

19.会等待的人才是最终的胜利者。

20.忙碌的工作，匮乏的对话主题以及电视、手机等文明产物是导致夫妻对话中断的因素。

Chapter

02

我们来自不同“星球”

男女本质不同——丈夫与妻子间的沟通

01

知道挨打的原因就不会觉得太疼

男性与女性如同火星与金星一样存在着遥远的距离。长相不同、学历不同，怎么会轻易地理解和接受彼此呢？所以，事先知道彼此的不同，在产生问题的时候就不会那么难以接受了，即知道挨打的原因就不会觉得太疼。

首先，了解一下男女之间的心理差异：男性对视觉性的冲击比较敏感，女性则对听觉和触觉敏感。

其次，了解男女对配偶的期待：男性认为女性是其性生活的伴侣，也是生活的玩伴，喜欢女性有魅力的外表，又期待配偶有完美的持家本领，更希望配偶能够成为得力的贤内助，并且喜欢得到女性的称赞；女性更加希望自己能够经常得到丈夫爱的表白，与丈夫进行诚实的对话，同时也希望丈夫能够挣更多的钱，并尽可能多地陪孩子。

对男性与女性的对话法进行科学分析，发现其存在较大差异：男性一天所使用的词为2000～4000个，而女性一天所使用的词为6000～8000个；意思表达次数，男性约为7000回，女性约为2万回；对话内容，男性重视对事实与信息的传达，女性更加重视谈话的过程与气氛。

对于说话的动机和目的，男性与女性也有很大的差别。对于语言能力和相处能力欠发达的男性来说，只有问题发生后有诉求的需要时才会主动对话沟通，而女性只有需要感情支持与共情的时候才会主动对话沟通。如果说男性对话的目的是信息收集和解决问题，那么女性就是为了维系关系与亲密交往。

至于对话倾向，男性更希望听到简单明了的故事，以及事情的结果与解决方案；女性则更倾向于享受细节丰富、内容充实的故事，即重视过程与背景。

男女在对话的集中度上也有差异：男性一次只能将注意力集中在一件事情上；而女性同时可以将注意力集中在多件事情上，具有发散性的多重任务处理能力。丈夫在看电视时，对于妻子所拜托的事情无法正确回应。虽然他耳朵能听到声音，但没有向大脑传达指令。这绝对不是无视妻子。女性则能在讲话的时候看电视或辅导孩子学习。

无论是谁都有自己的软肋。世上的人和事其实都差不多，越是小国就越喜欢用“大”字称呼自己。

之所以用“大”字，虽然有可能是想表现出自信感，但更大的可能性是掩盖本质上的自卑感。当然，我的名字里也有“大”字，但那不是我能干预的事，希望大家能够谅解。之所以提到自卑感，是想告诉大家并不是所有的男性都心胸宽阔。同样，也不是所有女性都拥有慈爱和母爱的贤良本质。

说A型血的人不会随意发火，是因为A型血的人做事很有章法，这是毫无逻辑的。同理，男性也一样。当有不好的事情发生时，理所当然心情会不好，但由于是A型血或是男性的原因要忍着不发火，这样的情况有很多。周围东西乱糟糟的不收拾，需要干的活堆积成山，甚至孩子在旁边哭闹也不闻不问，对这些视而不见，只顾着看电视的丈夫，让妻子的肺都快气炸了。但仔细研究一下就会发现，与其说这是丈夫对妻子的无视，倒不如说是丈夫的思维方式和成长环境造成的差异，因为男性的脑构造和机能、社会经验从根本上与女性不同。

当然，遇到丈夫无视自己的时候，做妻子的都想痛痛快快地发一顿牢骚。可是，家庭的平和与安宁被打破，妻子可能会承受更大的压力。身为妻子的女性同胞们请牢记以下这3点：

第一，丈夫不会主动找活干。或许在得知邻居家的丈夫会帮妻子做家务后，你也想要求丈夫对自己洗耳恭听，可事与愿违，你只能看到被拿来与他人比较的丈夫情绪不满的表情。其实，邻居家的妻子有可能是在夸大其词，更何况你对待丈夫的方式与邻居家的妻子是不太可能相同的。

第二，因为不想小气地吵架，所以自己包揽所有事情，有这样的想法是危险的。实际上有这种想法的妻子很多，但是妻子不可能一个人承担所有家务事和育儿的事情，没多久妻子就会身心疲惫，而且丈夫的习惯也会变得不好。

第三，要采取渐进的方式让丈夫分担家务。下面，我要痛痛快快地传授实施战略了。首先，让丈夫一次只做一件事。如果让丈夫带孩子，那么一定要在丈夫带完孩子以后，再让他将玩具收拾好。请牢记，丈夫一次只能做一件事。其次，即便丈夫做的事情有些粗糙，您不太满意，也一定耐心地坚持，满足丈夫希望得到赞扬的欲望。

给大家讲一个反面例子。妻子说：

“你以为刷个碗就完事了吗？要把抹布洗干净晾好，再把灶台的水擦干净。你什么事都不上心，就知道对付！”

在这种情况下，丈夫心里只会这么想：

“我要是再刷碗，我就改姓！”

下面，我们再看一下模范事例。妻子温柔地说道：

“有了你帮忙，我才能这么快就干完了活儿。谢谢你，亲爱的。记得下次还要再帮我啊。”

丈夫会想什么呢？

“妻子还挺高兴的。好久没被人夸过了，感觉还不错啊。看看还有什么需要我做的呢？”

自古以来，男人就需要“顺毛捋”。

妻子需要注意的是，丈夫不喜欢脱离正轨的想法，因此妻子需要努力调整好说话的速度和感情，让丈夫能够舒服地参与对话。

再重复一遍，一次只让丈夫做一件事。如果妻子一次向丈夫倾诉太多不满的话，就会引起丈夫的反感。

有一天，妻子开始质问丈夫：

谢谢亲爱的！

“你最近怎么了？怎么天天喝酒、天天晚归，休息日还要去运动，不着家，也不陪孩子玩，孩子们都忘了爸爸长什么样了，这过的叫什么日子啊！你到底是怎么想的啊！”

站在丈夫的立场想想，他立刻就会生气：“妻子的要求怎么那么多！真是的，还不如什么也不干了。”古希腊喜剧作家梅南德罗斯曾说：“即使再怎么吓唬爸爸，爸爸也不会干的。”无论怎么吓唬和催促都没用，爸爸是一个不会听话的存在体。

妻子不妨转换一下战略再说一遍：

“亲爱的，想和你商量一下。哄孩子睡觉的时候，他们问爸爸什么时候回来都已经问过很多次了。虽然我知道你很忙，但为了孩子最好能一周早回来一两天。”

这时，丈夫就会突然感到非常惭愧，产生要为家庭和孩子做点儿什么的想法。所以，我才会反复强调“丈夫需要顺毛捋”这句话。

当然丈夫也不能固执己见。认真地倾听妻子说的话，产生共情，利用语言和非语言的形式向妻子传达自己的真情实意，减少让妻子痛苦不堪的沉默，丈夫也要努力地向妻子传达自己的心情和状况。

在这里，我要着重强调一下对话和沟通的差异：对话是语言的交流；沟通是思想的交流，真正的沟通需要彼此关心、包容和共情。

丈夫要铭记于心的是，妻子最渴望的是丈夫的感情支持。下面，我们来看一个事例。

妻子抱怨道：

“亲爱的，婆婆最近用餐的时候碗里总是留一口饭，我真伤心。总是扔这么一口饭觉得可惜，可我又不能吃，也不知道原因。如果对我有什么不满，她可以直接和我说啊。”

从火星来的爸爸不假思索地回答：

“人老了，没什么胃口吃，所以你就做点儿妈妈爱吃的菜。你自己看着办吧，总和我说，你让我怎么办？”

仔细想想，韩国所有的丈夫都想成为孝子，可大部分都是口头上的孝子，而不是行动上的孝子。所有的事情都是妻子在做，而丈夫只是动动嘴巴。

有点儿想法的丈夫会怎么说呢？

“说实话，我也看到过几回。亲爱的，你肯定很伤心，你已经做得很好了。让我来观察一下妈妈为什么会那样，到时候再说。妈妈为什么会那样呢？啊，真的要疯了。”

从妻子的立场上看，因为得到了丈夫的支持，她便重新获得了力量，进而得到自己能够解决问题的动力。

如果沟通是件很容易的事，怎么还会有那么多的夫妻分手呢？妻子也好，丈夫也罢，都没有学会正确的沟通方法。不仅没有正确地认识到彼此之间的差异，而且还把这种差异当成自己遇到的不幸。只要将对话和沟通的方法稍微改善，就会增加家庭的幸福指数。没有对话和沟通的家庭就像陷入无法挣脱的沼泽一样。正确认识差异是积极迈出沼泽的第一步。

小贴士

我着重强调一下对话和沟通的差异：对话是语言的交流；沟通是思想的交流，真正的沟通需要彼此的关心、包容和共情。如果想进行真正的沟通，那么就以关心和共情为基石，在这之上建立出对话之桥吧。

废话的惊人效果

丈夫和妻子从根上就不同。恋爱的时候，一般人都认为爱比金钱重要，进而能够包容对方的一切，而离婚的时候却会连一两万韩元[1]都觉得可惜而大打出手。所以，对话和沟通对于维系婚姻十分重要，我要在这一节里详细说说夫妻之间的对话和沟通。

法国作家莫鲁瓦有过这样的警告："夫妻之间的对话犹如外科手术，必须慎而再慎。有些夫妻因为过于正直而威胁到爱情，甚至有可能引起死亡。"本质上不同的两个人相遇后，对话不可能那么顺利，可见对话需要慎重。《塔木德》[2]一书中关于夫妻关系说过："如果妻子的个子小，丈夫就要缩短自己的个

1　1万韩元约为60元人民币。韩国商品大多以万元为计价单位，所以这句话的意思相当于"一两块人民币也要计较"。

2　《塔木德》：犹太民族典籍，包含律法、习俗、礼仪等内容。

子。”没有办法将个子小的妻子变高，但是丈夫可以缩短个子，即丈夫应该先让着妻子。

想将夫妻之间的对话顺畅地进行下去应该怎么做呢？首先打开对话的开关，轻松地开始就行。夫妻之间的对话并不是从“世界和平”这样宏大的话题开始，而是从没用的闲话开始。这里所说的“没用的闲话”是指议论一下邻居，评价一下看的连续剧，骂骂单位的领导，等等。这样的话题不花钱，还能释放压力，多好。现在也有在看连续剧的时候边骂边看的“骂剧发泄”现象。

但是，在骂剧发泄的时候，因为感情过于投入而吵架的情况也有。真是没有办法。要么骂剧，要么骂剧里的反面角色，怎么能夫妻互相骂呢？夫妻之间适当的吵架虽有一定好处，但要是椅子和勺子到处乱飞就不好了。夫妻之间重要的是，从练习理解和尊重对方的观点开始，了解即使看到相同的现象也会有不同的想法，就算是夫妻也不要去否定对方的观点。如果夫妻之间因为产生了相同的看法，即认为电视剧里的反面角色和贪心的邻居很像，那么就会更加亲密和团结。看电视的时候能够轻松地讨论也很好。随着想法一致的部分越来越多，肯定会非常让人高兴。从废话开始的对话所形成的共同点，等同于开启幸福对话的开关。

当夫妻之间的对话产生矛盾和分歧进而演变成吵架的时候，大部分都是由彼此不好的情绪和想法造成的。夫妻都想教育对方、刁难对方，都有蔑视对方的对话习惯，才导致这种情况发生。很多时候，这种对话一般从第一句开始就很犀利。对话从指责、诽谤、强迫的感觉开始，对方当然不高兴了。情绪不好是不可能说出好听的话的，因此形成恶性循环，甚至会打断对方。

要将说话的方式由“指示型”变成“依赖型”，最好连心态也变成这样，做到由内而外的统一。人与人都一样，得到指示的语言就会从心里产生反抗。自古以来，我们就很少对家人说拜托的话，这就是问题所在。只有将“去做”换成“能帮我吗”这种说话习惯，才会使我们家人之间的关系得到很大改善。

夫妻之间的对话从根本来讲就是男女之间的对话。从接纳和理解说话方法的差异开始，加之我们已经了解过倾听的重要性，学会认真倾听对方说的话，别判断，先承认和接纳对方，才能产生共感，对话才会像流水一样顺畅。

先看一个例子，具体了解正确的对话法。

女人：我换个发型怎么样？

男人：我是不是该理发了？

这是男人和女人对换发型的陈述。首先分析一下女人的提问，她并不是真的想换个发型，真实的想法是想知道对方对自己的发型是否认可。但是，男人往往并不了解女人的这种心态，因此有不少男人陷入困惑。反观男性，他其实真的想理发。男人不会为了得到对方对自己发型的认可而提出问题。

再来看一个事例。

女人：干什么呢？

男人：现在干什么呢？

女人发问背后所包含的真实想法是，“为什么最近不约我见面呢”。相反，男人是真的想知道对方在干什么，而不是要见面。现在，您对男性和女性的差异略知一二了吧？

好，下面再介绍一下带有危机感的对话。

妻子：给我刷碗。

丈夫：帮你刷碗？

男性与女性就刷碗这件事的想法是不一样的。妻子所说的刷碗指把碗刷干净，擦台面和灶台，收拾食物残渣和垃圾，最后再把洗碗布洗干净。但是，丈夫所说的帮忙刷碗只是单纯刷碗的意思。真的只是单纯地把碗给刷了，再也不会多干什么。

由此可以归纳总结出，女性有经常使用间接说明事情的倾向，不具体说明，既有感性的一面，又希望得到感性的判断；而男性带有直接性和攻击性的倾向，使用直接对话法，喜欢具体、明确的说话方式。

女性基本上都喜欢说话聊天的过程，但是男人比起说话聊天更享受思考。换句话说，女性享受对话本身，而男性利用对话解决问题。女性喜欢认真倾听自己的人，并希望对方无条件地支持自己。只有了解了这些才能使对话顺利进行，少了其中任何一个环节，对话都难以进行。

但是，一般情况下，男性总想通过对话把问题弄得明明白白。丈夫不是法官也不是所罗门王，却执着于正义。因此，丈夫怎么能支持自己的妻子呢？丈夫有可能会支持邻居大妈、远方的婆婆，使妻子失望。这种事情反复出现，成为家中无法弥补的鸿沟。

一天，妻子给电视购物频道打电话。因为所购物品没有按时送达，她想打电话进行确认。看到这个情形的丈夫漫不经心地说，预定的物品难免会有晚到的时候。妻子的表情顿时暗了下来。丈夫不知道妻子为什么不高兴，而从妻子的角度来看，她也不理解为什么丈夫偏袒电视购物频道却不支持自己。其实，丈夫仅仅是向妻子提供了事情的可能性而已，妻子却认为丈夫偏袒电视购物频道。

从妻子的角度来看，和丈夫聊天的时候，对于聊天的内容，要进行谨慎的选择。对婆家、娘家、钱财等敏感话题要尽可能地避开。虽然女性是想自己辛苦的付出得到丈夫的承认而已，可是丈夫却不这么认为，他把这些事情当成自己需要解决的负担，如果解决不了就会产生反感，从而躲避。

有一位女士和丈夫发了这样的牢骚：

“亲爱的，你要是能好好听听我的话就好了。不是想让你解决问题，就是听听还不行吗？我不向你说又能和谁说呢？”

提问有令对方愉快的方式，也有令对方反感的方式，而我们现在经常使用的就是令对方反感的提问方式。举个例子，丈夫晚归却事先没有打招呼，也不主动联系，大部分的妻子对此都会提高嗓门，犀利地质问“为什么每天都这么晚回来”。这样的质问正好能引起丈夫“我什么时候天天晚归了，喊什么喊”的反驳。如果换一种说法会怎样呢？“因为联系不上你，让我好担心，累了吧？”虽然都是针对丈夫晚归问题的提问，但感觉上却有了质的差别。当然，丈夫的反应也会有质的差别。

夫妻之间也需要将自己的要求进行明确说明。“对方会看着办吧”，如果持有这种态度就不对了。不要把问题说得含糊不清，特别对丈夫说话，妻子要明确地把问题指出来，才能使丈夫听明白。举个例子，丈夫因为工作忙碌对家庭照顾不周，妻子非常郑重地和丈夫谈了一次话。“亲爱的，不要把所有心思都扑在工作上。”听到这句话，丈夫第二天会立即去健身俱乐部报名健身。男人就是这样，如果不具体地对丈夫说“今天下班后要早点儿回来”，丈夫是听不出妻子的本意的，也绝对不会通过察言观色来根据情况看着办的。如果妻子不说的话，那么丈夫是绝对不会理解妻子的心的。妻子应该这样说："一周为了我和孩子起码早回来一天，我们一家要是能一起过周末就更好了。"

假如有一天，妻子说了这样的话：

"日子过得可真没意思。"

丈夫很难理解妻子说的话，觉得自己没让妻子饿着，也没有出去搞外遇，更没有家庭暴力，或者不给家里挣钱，到底让他怎么办才好？为了有正确的对话，妻子应该这样说明才对：

"亲爱的，我知道你为了咱们这个家付出的努力，也非常感谢你。但是，我真的很想在一个月里和你一起去饭店吃一顿饭，再看一场电影。"

现在整理一下夫妻之间打开话匣子的方法。先从无聊的话题谈起。经常聊一些无关痛痒的话题，不要抱着总想指示对方的想法，好好地倾听。如果总想指示对方的话，会让对方逃避。指示对方的后果就是演变成吵架。从现在开始，试着不去指示对方，而是真心实意地拜托对方。不要总想着什么是对的，现在面对的不是电视购物的观众，而是自己的妻子，所以要支持妻子，没有人会因为丈夫支持妻子而说三道四。另外，要经常赞扬对方。妻子的优点是什么呢？就是对丈夫的期待值不是很高，因

爱情电影

丈夫说的一句温暖的话就会感动不已。俄罗斯有句谚语，“一朵花能融化女人冰冷的心”。女人是靠耳朵感受爱的，而且不要忘了，对话是从无聊的话题开始的。

小贴士

要想打开夫妻之间的话匣子，就要先从无聊的话题开始。不要总想着教育对方，要好好听听对方的想法；不要指示对方，要拜托对方、依靠对方。特别需要知道的是，即使是微不足道的事情，也要支持自己的妻子才对，要多赞扬对方。偶尔一些无聊的话题也会有大作为。

对话方式的差异是夫妻矛盾的根源

相安无事地度过了多半年，当凉风徐徐的秋季来临的时候，很多的恋人就会分手，独自一人凄凉地过完圣诞节。脾气和自尊心要在合适的时候宣泄才对，即使是不得已要分手，也要在平静的心态下分。夫妻之间在一起过了20年后的离婚叫作“黄昏离婚”。根据统计资料，2012年韩国黄昏离婚首次超过新婚离婚。这真让人担忧。从人一生要有个美好的结局来讲，黄昏离婚非常不可取。

问离婚的夫妻原因，差不多都会回答无法沟通。因为语言无法沟通，所以心也无法沟通，没有想一起走完人生的想法。如果想离婚的话，这里有能够导致离婚的对话方式。

9种能够99%导致离婚的夫妻对话方式

1.我说的话就是方向，就是真理，就是生命，对方所说的都是一文不值的废话。

2.不断地批判和刁难，尽可能地把责任推卸给对方。

3.强调自己是没有任何错误的受害者。

4.蔑视对方，压制和强迫对方，使用威胁和统治的语言。

5.吵架的时候总是制造绝望的气氛，一定要分出胜负。

6.脱离主题，扩大问题。

7.无回应和沉默，利用回避让对方气愤。

8.不听完对方的话，自己进行分析和推测。

9.像使用作料一样，在对话中加入轻蔑、嘲弄和冷笑等能够给对方带来伤害的行为。

根据2013年10月首尔市的一项调查，夫妻中丈夫对妻子的满意率为71.8%，妻子对丈夫的满意率为59.2%。这个调查结果的意义是什么呢？比起丈夫，妻子对丈夫的不满现象更严重，进而导致丈夫在黄昏离婚中成为被动的一方。

需要引起重视的是，离婚大部分都是由“性格差异”导致的。有着“家庭沟通专家”称谓的我认为，所谓的性格差异就是对话方式的差异。世界上哪儿有性格完全相同的夫妻？有着相同父母的兄弟姐妹也会有性格差异。那么，性格完全相同的脾气急躁的夫妻，或者性格刁钻的夫妻就会过得更好，不会离婚吗？无论性格和兴趣有多么相似，如果动不动就指责和嘲弄对方的话，谁会忍受这些而在一起生活呢？夫妻在一起学习对话方法，是缩短夫妻矛盾的最重要部分。让夫妻拥有幸福的沟通对话方式，其实只要与我前面讲过的让夫妻离婚的9种方式完全相反，就可以了。

哲学家尼采说过，“夫妻生活就是长久的对话”；美国政治家富兰克林在自传中也说，“对话的主要目的是教导、学习和享受。如果是让人感到不愉快，或者想要反驳的对话，那就丧失了对话的本来目的”。与此同时，姜元龙牧师[1]指出，“因为人类的根本是有共同的人性，所以如果个人和社会丧失对话，那么人也就变得非人类化了。当今社会，非常严重的问题就是丧失了对话”。

这些话其实都在告诫我们，应该为修复夫妻之间的对话而进行努力。那么，我们首先要做什么呢？这件事看上去很难，其实很简单。观察一下使对话断绝的因素，以这个因素为基础来实践我们制订的解决方案。

1　姜元龙牧师：韩国的一位神学领袖。

如果造成夫妻对话中断的原因是客观的，那么物理装置就会派上用场。所谓物理装置，即没有时间相处的夫妻，要有意识地增加相处的时间，如增加需要两个人协作才能完成的工作，或者共同运动、进行两个人都喜欢的活动等。一开始不用那么隆重，否则会起到反效果。一个月看一场电影，两个月登一次山，选择一些让夫妻双方都没有负担的项目。

如果让夫妻之间加强交流，会有很多人抱怨自己和另一半无话可说。无话可说就意味着夫妻间没有共同关注的事情和主题，这是需要反省的问题。夫妻多相处对交谈主题的扩大发挥着很大的作用。

夫妻无法交谈的理由如果是曾受过很深的伤害，就要先有意识地治愈伤口。深深的伤害不是一天形成的，小伤口不间断地反复使得伤口越来越深。唐突地要求与心灵上有很深伤口的人对话，只会令对方不知所措。

不如两个人喝着小酒，把心中对彼此的不满借着酒劲一吐为快。一开始可能并不会很顺畅地解开彼此的心结，但只要这种对话反复进行，彼此就会很自然地说出自己想说的话。还有个好方法，就是把心里话写下来，然后通过信件形式进行交换。不要认为只有自己受到伤害，虽然受伤的程度有差异，但是我们都是受到伤害和给别人带来伤害的人。以关注自己所受到的伤害一样的程度来关心对方所受的伤害，是成熟的表现。

法国作家维克多·雨果以不爱写信著称。他于1862年出版了巨著《悲惨世界》。之后为了让自己放松，他离开了巴黎。由于想知道自己的小说销量如何，他就给出版社写了一封信，但所写的内容只有一个“？”。收到信之后，出版社也只给雨果回了一个“！”，意思是销量不错。这是从文字出现以来最短的两封信。

维克多·雨果主张人生有3种斗争：第一是自然和人类的斗争，第二是人类和人类的斗争，第三是自己和自己的斗争。将这3种斗争集中表现的作品正是其代表作《悲惨世界》。

人们总是在斗争中生活，无论是讨论还是竞争，这些都是斗争的一种。夫妻、家人之间不可能不发生矛盾。夫妻间的矛盾毫无疑问就是因为对话的中断和暴力式对话法引起的。就像维克多·雨果所指出的那样，人生有3种斗争在等着我们。问题是将斗争对象也就是另一半设置成挑衅和嫉妒的对象或者将要战胜的对象，还是看成激发懒惰的自己的帮助者。看待的角度不同，自然就会有不同的对应方法。将配偶看成竞争对象是非常不可取的事情，要看成给自己带来幸福和让自己进步的合作者才可以。只有这样，夫妻的幸福指数才会上升到200%。在这个十字路口，您会做出怎样的选择呢?

小贴士

因为性格差异而分手的夫妻，事实上是因为对话方式的差异才分开的。夫妻之间矛盾的根源一直都是由对话中断和暴力式对话法导致的。就像维克多·雨果指出的那样，人生的斗争是连续的，其中的关键是将妻子或丈夫设置成怎样的斗争对象。

赞扬要精练，经常，反复

做出保证还为时尚早，但是我为了当好丈夫和爸爸仍在不断努力中，正是这份努力才难能可贵。我并不是一开始就这样，而是由于某个契机才改变的。有一天，妻子和我说了这样的话：

“亲爱的，看到你为了能和孩子们友好相处这么努力，我真的感到很高兴。”

这句话改变了我，也使我得到妻子的承认。一句赞扬的话便将丈夫的心转变过来，还让丈夫手舞足蹈。

丈夫之所以会觉得妻子的赞扬微不足道，有的是因为不好意思、脸皮薄，有的是因为不知道怎么回应。下面，我传授给大家一个方法。我在演讲的时候，曾给丈夫们留了作业，让他们列举妻子的5个优点。结果，丈夫们列举的都大同小异。我将这些写下妻子优点的丈夫分成5个类型：第一种，发火和生气的类型；第二种，搜肠刮肚却只写了一两个优点的类型；第三种，拿着笔翻看教材的类型；第四种，看旁边人所写内容的类型；第五种，写得很积极，内容正经得像学校校训一样的类型。

我想丈夫们如果经过这个过程稍微有点儿改变的话，妻子们该会多么高兴。好的，亲爱的读者朋友，您是哪一种类型呢？令人感到很意外的是，最近能够详细写出妻子优点的丈夫在不断增多。

丈夫们会将什么视作自己妻子的美德呢？这真是让人感到十分好奇。不过，有点儿让人感到不像话的是，在丈夫眼中，妻子的美德就只在可怜的5个领域里体现：我的妻子很善良，我的妻子厨艺很好，我的妻子持家有方，我的妻子教子有方，我的妻子对父母很孝顺。难道妻子的优点就只有这5个方面吗？丈夫要更加关心妻子才对。但是，也有一些丈夫将奇怪的事情当成妻子的优点，如不发牢骚、不刨根问底等。这意味着什么呢？妻子其实已经对丈夫不闻不问了，是“您想干吗就干吗吧”的意思。丈夫却不知道这种沉默意味着什么，导致老了之后即使遭受黄昏离婚也不知道为什么。这真是让人苦恼的事情。

想说一些对方想听的话，但丈夫却不知道如何去赞扬自己的妻子。听到上述所说的5种优点，没有几个妻子会高兴的。这些是家庭保姆的优点。妻子们也说出了自己的看法：

“即使是撒谎也好，我们想从丈夫那里听到赞扬。”

丈夫们，妻子想听到的赞扬大概分成这3种：第一，我的妻子真漂亮；第二，我爱我的妻子；第三，我的妻子真能干、真棒。好，如果现在妻子在身边的话，就亲身实践一下吧。如果没在身边的话发个短信吧。

“真的很爱你。亲爱的，我能够遇到你，感到很幸运。感谢你和我一起生活。没有亲爱的支持，就不会有现在的我。选择和你结婚是我这一生中做得最好的决定。只有亲爱的在身边，我才有力量。现在，我才知道亲爱的做的饭菜是最好吃的。真不好意思，之前我做得不够好，以后我会努力的。”

这些话的内容可以提高妻子的存在感，特别是那些对婚姻有着危机感的中年主妇，最喜欢听这种话。当然，丈夫也没有必要非得像电影演员一样饱含深情，熟练地表达。虽然有些生涩，但是对于妻子来讲，看着努力表达的丈夫会感到更加高兴，激发她们的母性，促进好的女性激素分泌。丈夫们一定要将此铭记于心。赞扬的原则有3大要素：精练，经常，反复！

需要注意的一点是，即使丈夫说了这些赞扬的话，妻子也会有反感和无反应的情况。这是因为语言和行动不一致的结果，妻子会认为丈夫油嘴滑舌，让事情适得其反。赞扬也要有行动和信赖作为基础，才会有效果。

赞扬好妻子，接下来就该赞扬孩子了。赞扬好了是良药，反之就是毒药。如果孩子的性格非常敏感且主动性差，那么赞扬的方法就该与一般情况有所差别。

“题做得真好，真聪明。”

事实上，这样的赞扬起不到多大的作用。

“这么难的题，你都坚持自己解出来了。”

解出相同的题，因赞扬方式的不同，孩子的行动会有不同的变化。被称赞头脑聪明的孩子，不会为了证明自己头脑聪明，而去挑战难度大的题，因为一不留神就会出错。但是，被称赞有毅力的孩子，为了证明自己的毅力，面对难度大的题目，也不会轻易放弃。

当然，挑战精神和毅力因人而异，但也不能无视父母对孩子的影响。父母要有学习的常态。养育孩子的硬件环境，即教育环境、经济能力，并不是父母能够一下子就改变的。但是软件，即表扬、对话法、沟通等，会根据父母的付出和努力发生改变。最终，教育的效果就是在软件上分出胜负的。

所有养育过孩子的父母都有着类似的令自己头疼的难题，例如孩子没有毅力，注意力不集中，欠缺忍耐力，沉迷于手机游戏。不要忘了，自己小的时候也曾令父母这样头疼过。

当孩子做出一些特别行为的时候，父母给出恰当的赞扬尤为重要。

“我们智秀太有毅力了，真了不起。”

“智秀的朋友可真多，看来人缘不错啊。”

“我们智秀连看书时候的样子也那么好看。”

赞扬要短小精悍，点到为止最好。

过度的赞扬就会变成唠叨，特别是对处在青春期的子女要更加小心。这是个本来家长在赞扬，孩子却认为是在发脾气的特殊时期。青春期的赞扬小窍门就是多感谢孩子。

“谢谢你和我们一起出来吃饭。”

“谢谢你对我们袒露心声。”

“谢谢你先给我们发来短信，拜托下次也要这样做。”

这样对孩子表达感谢，会大大提高孩子的自尊感和合作能力，对孩子以后适应集体生活有非常大的帮助。同时，这样做也是向别人展示自己孩子优点的好方法。

设想一下，自己从很久未见的亲戚或邻居那里听到这样的话：

“最近，我常看到英秀爸因为英秀的努力而开心快乐的样子。”

这样偶然地从第三者的口中听到的赞扬，让青春期的孩子发生变化的事例有很多。偶尔会有一些父母认为对自己的孩子没有什么可赞扬的。这真是令人感到很无奈。改变一下想法，好好想想，孩子怎么会没有值得赞扬的地方呢？一定是成绩好、听父母话的孩子，才能得到父母的赞扬吗？如果鸟叔[1]小的时候听父

1 鸟叔：本名朴载相，韩国歌手，以一曲《江南STYLE》红遍世界。

母的话学营销专业，就不会有现在的红歌星了。只要改变想法，就连孩子的健康也会变成可以赞扬的事情。不听话的孩子往往是有自我主张的孩子，乖巧听话的孩子往往是和平主义者，能够带着自己的朋友玩耍的孩子是领导力超常的孩子。无论如何，对于孩子来说，父母是重要的。只要父母的想法发生改变，孩子就会得到更多的幸福。

在韩国，男人因为家人把自己看成超人而感到不公平，觉得自己又要挣钱又要付出时间陪家人，还要不断努力使自己进步发展，真是让人崩溃。但是，让我们换个角度来想想，是不是丈夫也在期待妻子能够成为好的料理师、持家有方的好保姆、理财师、教育专家、扶持丈夫的贤妻良母呢?

小贴士

丈夫们，妻子想得到的赞扬一般分为3种：第一，我的妻子真漂亮；第二，我爱我的妻子；第三，我的妻子真能干、真棒。如果现在妻子就在身边的话，请您马上实践一下；如果没在身边的话，就发个短信吧。

05

不明白爸爸存在的理由

先给大家介绍一首诗。这首诗是一个小学二年级学生写的，一针见血地反映了当今社会普遍存在的问题。

爸爸，为什么

有妈妈可真好，因为她爱我。

有冰箱可真好，因为它能给我吃的。

有小狗可真好，因为它能和我一起玩。

有爸爸是为什么呢？

我问过好多爸爸为什么这个孩子能写出这样的诗。大多数的爸爸都认为是自己的问题，因没有时间陪孩子而感到惭愧。还有一部分爸爸认为这是社会构造的问题。

从另一个角度来看一下这个问题，如果是因为爸爸没有时间陪孩子，孩子才写出这样的诗，那么为了祖国而骑马驰骋在边疆奋力作战的军人的孩子，会不会一辈子都怨恨自己的父亲呢？为什么好多军人的孩子即使没有见过自己的父亲，却依然尊敬自己的父亲呢？

好，下面让我们来具体探究一下。能让小学生写出这种诗的原因之一就是妈妈。写出这首诗的孩子的爸爸妈妈恩爱吗？那是不可能的。

再让我们具体推理一下这个小孩写这首诗的背景。爸爸和妈妈并不恩爱。爸爸一直都很忙，天天晚归。妈妈总是向爸爸发牢骚，而这时爸爸会向妈妈发火。这样的情形频繁发生。

有一天，没有任何理由，妈妈又向孩子发牢骚并训斥了孩子。只要妈妈一不开心就冲着孩子发火，特别是妈妈和爸爸吵架以后更会拿孩子撒气。虽然妈妈讨厌爸爸，但是妈妈会照顾孩子，爸爸却一如既往地晚回家，还常对妈妈的牢骚发脾气。仔细想想，如果家里没有爸爸，妈妈就不会再向孩子发火。这真是完美的推理。

所以，夫妻关系一定要融洽。有些爸爸和丈夫会对此感到不服气，可“好汉不提当年勇”，不能总拿过去的标准要求自已。爸爸只有让妈妈高兴，才可以为了祖国的繁荣骑马驰骋在广袤的草原上。爸爸们一定要记住，只有博得妻子的欢心，才能办大事，祖国才能繁荣！

现在，我分析一下爸爸的想法：我到底做错了什么，我只是照着自己老爸的样子做了而已。养家糊口是天大的任务，因为不想抛弃这个任务，在公司里抛开自尊心，点头哈腰地工作着。现在才知道与家人的对话有多么重要，也才知道陪孩子玩有多么重要，还知道了和妻子在平等的条件下沟通有多么重要。但是，因为没有学过这些，所以从现在开始一点一滴地学起。比起责怪，安慰和鼓励爸爸，会让爸爸有更多改变。爸爸需要时间，更需要安慰和鼓励。

难道不是这样吗？爸爸也需要别人读懂自己的心，也需要别人的安慰。生活的艰辛都一样，爸爸碍于自己的角色而不能向别人倾诉，或和别人发牢骚来得到安慰。说实话，爸爸的任务真的很重。现在流行的是好丈夫、好爸爸，但我们小时候优秀的丈夫和爸爸才是流行的。从前，只要不让家人饿着就已经是成功了，现在好丈夫、好爸爸的条件又增加了几种，要多挣钱、自我发展、与家人沟通、和孩子去露营、做家务、辅导孩子功课、在岳父岳母家充当儿子的角色，等等，数也数不过来。

现在是经济不景气、低速发展的时代，大部分的爸爸挣钱都十分不容易。没法满足家人的物质生活、没有能力的爸爸，心情又会是怎样的呢？难道只有妈妈们想辞职不干吗？难道爸爸们就不想辞职吗？爸爸们也想一走了之。但是，爸爸们仍在努力克服一切困难。向为了家庭而付出努力的爸爸们致敬。

但不要误会，不是爸爸们想要受到优待，而是爸爸们也想得到安慰。就像在烈日下想脱掉外套一样，安慰也会让爸爸们感到舒服。大部分的爸爸都在为家庭的幸福工作着，但是现如今仅靠好好工作是不行的。过去优秀爸爸的标准已经不能满足当今社会对爸爸的要求了。爸爸们当然也知道家人的需要，但明明知道家人的需求而不去改变，这正是男人的特性。

再次强调一下，爸爸们也需要表扬、鼓励和安慰。他们也是灵魂受到过伤害的人，为了成为优秀的爸爸而正在努力着。没有从爸爸的位置上退缩而认真地上班、回家的人，就值得被多多表扬。一定要多多地鼓励，妻子的赞扬会让丈夫有更快的改变。您记住了吗？了解了吗？

小贴士

身为丈夫和爸爸的男人有着颇多的怨言，但“好汉不提当年勇”，不要总拿过去的标准要求自己。爸爸只有让妈妈高兴了，才能为了祖国的繁荣骑马驰骋在广袤的草原上。爸爸们一定要记住，只有博得妻子的欢心才能办大事，祖国才能繁荣！

夫妻吵架的333原则

古罗马喜剧作家特伦修斯曾写下众多名言警句，其中“我是人，只要关系到人的事情，我从来不认为是别人的事”，以及“对于贤明之人，一句话就足矣”都得到过很多共鸣。但是，我喜欢的特伦修斯名言是，“相爱的人吵架，是对爱的更新”。什么是更新？将现有的事情进行矫正，成为新的事物，就是更新。相爱的人吵架具有让爱更加稳固的作用，所以夫妻吵架最重要的是战略和战术。

韩国有句谚语，“夫妻吵架就像是用刀切水一样”。用刀切水，代表这件事情毫无意义。让人有点儿害怕的是，不管是切水还是切萝卜，为什么要拿刀呢？拜托，还是用语言吧。现在，这种夫妻之间的矛盾虽然在日常生活中也成问题，但是在逢年过节会成为更大的问题。这个问题涉及夫妻和家庭，甚至会扩大到整个家族。

为什么给公婆和岳父岳母的零用钱会有差别，为什么家里只有一个人在干活，等等，这些矛盾在不断扩大，继而提高吵架的概率。如果这些矛盾让老一辈察觉的话，会演变成兄弟和妯娌之间的矛盾。在互不伤害的前提下，将心里话说出来，甚至偶尔吵架，对于解决这些矛盾是有用的。不是致命的吵架，而是让矛盾化解的吵架。这还需要稍微练习一下，需要用到“我的对话法”。

一般情况下，夫妻吵架的时候会这样说：

“怎么说话呢？我都说了多少次了，不要那样说话！”

“我怎么了，总是这样对我？要不就别做出让我说这种话的事情来！”

如果以这样的方式进行对话，演变成吵架的可能性就会提高。所以，这个时候以“我”为前提来说说看。

“非常奇怪，我一听到这种话就心情不好。能稍微小心一点儿就好了。”

“我不是那个意思，如果那样的话，真对不起。”

如果以这种方式对话，就不会吵起来了。以这种方式对话也要吵架的话，那真该上医院看病去了。因此，阻止夫妻吵架的最佳对话法正是以“我”为主语的“我的对话法”。

“我听到你那么说好伤心。”

“我一看到你那样就感到害怕，感到没有任何欲望。”

“我一听到你说那样的话，就会受到伤害。”

好好思考一下，配偶如果以这种方式说话，大部分的人都会觉得有点儿不好意思，并产生道歉的想法。以“我”为前提的对话会收到惊人的效果。“我的对话法”是最基本的非暴力对话法中的一种。事实上，这种对话法只需稍微活用，就会让矛盾减少。请记住，以“我”为前提的对话法有舒缓吵架初期情绪的作用。

假定现在夫妻吵架了，就要寻找一下好好吵架的方法。好好吵架的意义是什么呢？就是以语言为主，让吵架快速结束，在一吐为快以后能够重新回到正常生活中。为了这些，我们要遵守夫妻吵架的“333原则”。333原则由3种不能触及的事、3种不能做的事以及3种一定要做的事构成。只要掌握333原则，就不会害怕夫妻吵架了。

夫妻吵架吵不出结果，也没有对错之分。过去也好，现在也罢，夫妻吵架都大同小异。古罗马时代，夫妻吵架之后会去神殿，就是因为掌握了夫妻吵架的本质。与用刀切水能减缓水流速度一样，这是为了不让吵架发酵而设置的缓冲装置。

333原则

1.3种不能触及的事

·配偶的家庭·过去的事·配偶的缺点

2.3种不能做的事

·暴力·辱骂·损坏物品

3.3种一定要做的事

·停止·好好倾听·和好，结束吵架

节假日成为夫妻吵架的爆发期，所以节后离婚率会骤增几倍。现实中的例子实在是太多了，不能一一列举，我们只看一个能够给开车回老家的夫妻带来帮助的事例。节前购物，为父母买礼物，从做好回老家的决定后，夫妻意见就开始不和了。回老家的路又堵，孩子们又不听话，自己的腰也开始疼，再想到因为上班所以比自己晚到老家的妯娌，以及为此生气发火的婆婆，妻子头就疼。

在车里，妻子无心地说了一句话：

“怎么这么堵呢？没有节假日就好了。难道就只有我是儿

媳妇吗？别的儿媳妇就不能早点儿来吗？怎么每次都找借口晚到，算怎么回事啊？这次咱们办完事后就立即回家吧。”

让我们来探寻一下妻子发出此番抱怨的原因。丈夫要是对妻子的抱怨一一回应，就会吵起来。当然，什么都不说也会吵架。这个时候，丈夫应该无条件支持妻子。事实上，一到节假日就去婆家的儿媳是很累的，活儿又多，难道不是吗？现在教给大家在这种情况下该如何回应妻子。

“亲爱的，我理解你的心情。每次回老家，我都觉得对不住你。事实上，我心里也不好受。每次都是我们先到，让亲爱的一个人干活。既然话都说到这儿了，我们晚点儿去吧。我们去海边转转，吃完午饭再回去。亲爱的，车掉头怎么样？”

听到这话，妻子会怎么回答呢？

“好的，将车掉头，我们先转转再去吧。”

会这样说吗？不会的。

“别耍心眼了，赶紧走吧。”

一般都会这样说的。

此时，丈夫抓紧开车就好了。妻子想要的不是晚到婆婆家，而是丈夫能够理解自己的心情。因为丈夫的理解，即使去婆婆家累点儿苦点儿也能忍受。丈夫虽然平时也应该对妻子好，但是在节假日要无条件地支持自己的妻子。因为这是生存之路，是真理，是生命！

小贴士

请记住，在吵架初期，以“我”开始的对话法有削弱吵架的效果。333原则包含3种不能触及的事，3种不能做的事和3种一定要做的事。只要掌握333原则，就会成为吵架高手。

07

用刀切水，事感期对话法

《希腊罗马名人传》[1]里有这样一段话：因为万物之间存在互相推搡的性质，所以物体之间会产生摩擦，即物体离得越近产生的摩擦力越强烈。人类之间的关系也是这样，越是关系亲近的人产生的矛盾越大。在这里，根据夫妻的矛盾类型，我将介绍不同的解决方案。熟练掌握夫妻吵架的技术会使您的家庭更加和谐。

让我们先了解一下夫妻矛盾的类型。夫妻矛盾类型分为4种：无法沟通型夫妻，暴力型夫妻，错觉型夫妻，空壳型夫妻。

第一种，无法沟通型夫妻。这种类型的夫妻，一人发火了，另一个就选择回避，或是两个人都回避。他们采用的是，只

1 《希腊罗马名人传》：又译《普鲁塔克英雄传》，古罗马传记作家、散文家普鲁塔克著。本书用希腊文写成，共50篇，其中有46篇是用一个希腊名人搭配一个罗马名人，每一组后面还有一个合论，共23组，为对传。其余4篇为单独的传记，不作对比，也没有合论。

要一开始说话就互相伤害的对话方式。下面举一个例子来说明。

妻子：说点儿什么吧。

丈夫：没什么可说的。

妻子：为什么你不好好听我说话呢？

丈夫：你为什么总是这样折磨人？就因为你总是这样说话，我才不愿意说话的。

妻子：什么叫这样说话？我到底说什么了？

丈夫：又开始了。别再说了。

这样进行对话的夫妻，当对话结束的时候，会引起更大的问题，所以需要对话之外的沟通方法。一个简单的小纸条，用文字给予对方表扬或是感谢，会收到意外的好效果。现在还有很多表情包，可以活用其中的表情来传达感情。无法沟通的夫妻首先要找到连接彼此的纽带。简单的身体或皮肤接触也可以。

第二种，暴力型夫妻。这种类型的夫妻，暴力是常态，让配偶和家庭陷入恶性循环。只要通过暴力得到了满意的效果，那么下次再发生矛盾的时候用同样方法解决的倾向就会加强，持续暴力还会遗传给下一代。现今社会频繁发生犯罪事件，其中很大的一个原因就是这种家庭暴力导致的。受害者从表面上看是受压迫的一方，但当愤怒的力量累积到一定程度的时候，他们就会做出无法想象的事情。

暴力不仅造成物理伤害，语言带来的伤害也不容忽视。而且，语言暴力通过贬低、比较、辱骂等方式，会给对方自尊心带来伤害，让其心中的愤怒不断积累，最终导致情绪抑郁甚至离家出走。语言暴力不仅是使用指示性语言，还包含不肯倾听。

解决的方法很简单，暴力不能单纯靠自己的力量去解决，需要外部专家的帮助。如果放弃改变的话，情况会越来越糟，所以需要双方父母和兄弟姐妹出面从中协调，尽快想出应对方法才好。自暴自弃、放弃不管的话，可能会招致比离婚还糟糕的结果。

第三种，错觉型夫妻。维持好婚姻生活并不是件容易的事，结了婚的夫妻一开始都会憧憬美好的婚姻生活。这种想法其实是一种错觉。错觉型夫妻对于双方父母的问题、育儿问题等很多问题不想一起去解决，而是期待着对方会自行解决。当对方没能满足自己的愿望时，彼此会加深分歧。

先来看一个反面的事例。

妻子：和孩子一起玩会儿有什么问题吗？

丈夫：我说，我是在外面玩了吗？

妻子：那我就玩了吗？我一整天多累啊！

丈夫：你以为挣钱那么容易呢！

妻子：我看秀哲爸钱挣得多，在家里陪孩子也玩得好着呢！挣的钱少得跟个耗子尾巴似的，事儿倒是挺多的！

丈夫：你怎么老说这些！拉倒吧，拉倒！

我们再看一个正面的事例。

妻子：亲爱的，最近挺累的吧？

丈夫：嗯，确实有些累。

妻子：亲爱的，你辛苦啦，谢谢。

丈夫：别这么说，这是我应该做的。

妻子：亲爱的，能不能和孩子们玩一小时啊？孩子们也想和你一起玩，我也需要做晚饭，可以吗？

丈夫：好啊，一小时还是可以的。

需要帮忙的事情，说得越具体越好。如果夫妻之间也像做买卖似的凡事都等价交换，那人生就变得复杂了。比起抱怨，能够和对方经常使用“亲爱的”“累了吧”“谢谢”“拜托了”等这样的语言，可以加深彼此的理解。比起“对不起，谢谢”这样的话，“因为太晚了没及时联系，让亲爱的担心了，真是不好意思。因为亲爱的帮助照看孩子，我才能去见好久没联系的朋友，太感谢了”，像这样表扬得越具体，效果越好。另外，对话的时候语气做作就不好了。请记住，当我们自己做得不好的时候，主动权在对方手里。

第四种，空壳型夫妻。这种类型的夫妻是指丈夫出现“乖儿子综合征”，妻子出现“直升机妈妈”的情况。结婚后丈夫还与父母维系着较为紧密的关系，同时要求妻子对公婆非常孝顺并做出牺牲，这就是矛盾产生的原因了。而妻子和丈夫的关系不好的时候，就会过多地关注孩子。结婚后不以夫妻为中心而是以双方的父母和孩子为中心，那么夫妻关系就只剩下空壳了。

让我们来看一下这种类型的夫妻会频繁发生的对话。

丈夫：亲爱的，这周末要去看父母。

妻子：提前告诉我多好。突然就说去，让我怎么办！

丈夫：有必要提前说吗？当然要去。

妻子：周末有好多约会呢。

丈夫：现在是你的约会重要，是吧？所以你不想去，是吗？

妻子虽然有自己的事情，但是只能听从丈夫单方面的主张，因为比起妻子，丈夫觉得父母更重要。再看一个事例。

妻子：英俊的课外班快要结束了，你去接一下孩子吧。

丈夫：一定要我去接吗？我现在可累了。

妻子：不是一定，可当爸爸的连这个都办不到吗？你到底能干点儿什么？

丈夫：说什么呢！今天就让他坐车回来不行吗？

妻子：不想去接就算了。我去。

对于空壳型妻子来讲，丈夫是挣钱的机器，孩子的成绩才是最重要的，夫妻关系很疏远。琐碎的事情让夫妻感情疏远的概率增高，那么怎么解决这个问题呢？

结婚以后，如果夫妻从原生家庭分离得不成功的话，婚后生活也不会顺利。夫妻之间的关系如果不好，自然会把注意力转移到自己的父母和孩子身上。在这种情况下要想恢复夫妻关系，建议夫妻一起去登山，培养一样的爱好等，在相互尊重、相互支持的过程中，努力地恢复关系。虽然需要在自己的父母和配偶之间进行协调，但是无论何时重心还应该偏向于配偶这一方。

我想幸福不是从知识中来的，而是从实践中获取的。为了我们家庭的幸福，如果自己先迈出实践这一步，肯定会收获变化的。心态发生改变的话，行动也会发生变化，对话的变化便随之而来。

即使是热恋的人之间也不可能不发生矛盾。但恋人之间吵架之后会立即和好，因为关心对方和爱恋对方的程度大。爱的力量会战胜一切，如讨厌、不悦、憎恶、自尊心，等等。

如果夫妻能够回到恋爱时期，所有的争吵都会结束。那么，恋人关系到底有什么特征呢？恋人绝对不会放弃彼此，并且会彼此谦让。为了结婚这个共同目标，把对方的好时刻挂在心里，恋人之间总是在表达对对方的感激之情，而且为了不争吵会做出最大的努力和克制。像这样一辈子如恋爱般生活的夫妻有着怎样的特征呢？他们会永远向对方竖起爱的天线。

夫妻之间相互约束并不是一件坏事。不要将配偶的优点当成理所当然，要对此加以表扬，这很重要。如果两个人都上班的话，要支持和尊重配偶的梦想和目标。恋人般的夫妻不会把彼此的努力看成想当然的事情，总会向对方的付出表示感谢。为了维系好这种关系，夫妻既要学会爱，也要学会争吵。但是，争吵的时候不能将问题扩大。

现在，我来教大家好好吵架的方法。夫妻吵架不是使关系恶化的争吵，而是让夫妻关系更加亲密。能达到这种效果就意味着夫妻很会吵架，也会很快和好。

会吵架的夫妻的10个特征和夫妻关系的自我诊断

1. 夫妻吵架能在10分钟之内结束。
2. 夫妻吵架之后有和好的意识。
3. 当对方示好的时候，自己会装出不得已的态度接受和好。
4. 不使用肢体动作，只用语言吵架。
5. 能认识到自己的错误。
6. 即使夫妻吵架也不会分房生活。

7.在没有子女的时候吵架。
8.夫妻吵架之后不会有报复行为。
9.夫妻吵架之后不向婆家或娘家报告。
10.夫妻吵架之后不向子女发脾气。
观察一下我们自己符合上述几种情况。
9个及以上：夫妻吵架的达人，专家水平。
7个及以上：夫妻吵架的高手，能够平稳地度过一生。
5个及以上：会一辈子争吵不断。
4个及以上：有离婚的可能性。
3个及以下：黄昏离婚临近，需要找专家咨询。

下面，我将提出自创的家庭沟通小窍门——夫妻吵架的6个原则。不要有任何怀疑，请无条件地照做。

第一个原则，要将吵架控制在一定的范围内。

把人拽出范围外是犯规行为。这里所说的范围是指夫妻吵架的主题。离开这个主题将过去的话题扯进来，甚至扩大到婆家或娘家的事，就不对了。

第二个原则，要使用“我的对话法”和“事感期对话法”。

要用“我的对话法”来传达自己的真实想法。“你真是有问题”“是你每天都晚回家”，以“你”为主语的对话法会收到非常不好的效果。“亲爱的回来得这么晚，让我担心得什么事都做不了，所以很累。”听到这样的话，丈夫就不会发火了。

“事感期对话法”是将事实、感情和期待活用的对话。举个例子：“亲爱的一回到家就喊累，倒头就睡了。（事实）我是一整天都哄孩子、干家务，就等着亲爱的回家了。这真让我伤心。（感情）能不能偶尔给孩子念念童话书，和我喝一杯啤酒啊。（期待）”怎么样？有点儿肉麻吧？但请不要忘记，这样让人发麻的话是夫妻关系的润滑剂。请不要再自己一句话也不说，却埋怨对方不理解自己的心。会说肉麻话的妻子是贤明的妻子，会听肉麻话服软的丈夫是贤明的丈夫。

第三个原则，不使用暴力型语言。

暴力型语言并不单纯指辱骂。“总是”“每天”“从来也不”“一次也不”“耗子尾巴”“德行”“拉倒”……这些话是给对方的负面情绪火上浇油，相当于把国内战争扩大成世界大战。“每次都是”，以这样的话开始，“我什么时候每次都那样了”，肯定会得到这样的回答。于是，脱离主题、揪着问题不放的对话便开始了。“总是”“绝对”这样的语言换成“偶然”“可能的话”，气氛就会缓和很多。

第四个原则，吵架之后如果出去的话，要告诉对方自己的行踪。

生气发火或是为了冷静出去走走，一定要告诉对方自己的行踪，如果说不出口的话，也要发个短信。“30分钟后回家，我要去理发。”这样发短信的方式是告诉对方有和解的态度。但是，看着什么话也没有，摔门而去的丈夫，妻子会是什么心情？她肯定会猜想各种不好的事情，甚至极端的事情。如果告诉对方自己的行踪，回家的时候也会少一些尴尬。

第五个原则，吃饱喝足才有力气吵架。

吵架当然也是想把日子过好才吵的，所以吵架的时间不能太长。即使吵架也要吃饱饭再进行第二轮。一般情况下，吃饭的时候兴奋度会减弱，自然第二轮争吵的可能性也随之降低了。

第六个原则，在睡觉之前一定要和好。

夫妻吵架后的冷静时间，最好不要长到第二天。请不要纠结谁先提出和好，放下高贵的自尊心，从自己做起，先给对方发个短信。

“亲爱的，今天早点儿回来，我做了你最爱吃的煎带鱼。”

“你做饭多辛苦啊，我们出去吃怎么样？”

收到这样的短信，应该装出不得已的样子，回复并接受对方的和解。没有问题能够通过争吵来解决，但还是想吵架的话，就好好吵吧。如果夫妻吵架吵得好，子女也会学着做的，会继承这些方法。只要遵守这6个原则，夫妻百分之百会在吵架中获胜。丈夫是赢家，妻子也是赢家！这就是所谓的双赢。

小贴士

夫妻吵架要遵守的6个原则：第一个原则，要将吵架控制在一定的范围内；第二个原则，要使用“我的对话法”和“事感期对话法”；第三个原则，不使用暴力型语言；第四个原则，吵架之后如果出去的话，要告诉对方自己的行踪；第五个原则，吃饱喝足才有力气吵架；第六个原则，在睡觉之前一定要和好。

08

离婚就躺在夫妻之间

法国作家尚福尔关于离婚有如下陈述："离婚是很自然的事情，它每天晚上都躺在夫妻之间。"大家认同法国作家的话吗？他是想告诉大家，家庭背景不同、性格不同、价值观不同的男女在一起生活简直堪称奇迹，所以离婚也不是件奇怪的事情。

还有一则这样的笑话："结婚是判断力混乱的时候做的事情，离婚是失去忍耐力的时候做的事情，再婚是记忆力低下的时候做的事情。""离婚是失去忍耐力的时候做的事情"，可见婚姻就是以忍耐力为根本的生活。

虽然不是令人很愉快的话题，但我们还是要重新接触一下黄昏离婚。认为黄昏离婚是别人的事，问题可就严重了。根据韩国《司法连刊（2013）》的统计，韩国结婚20年以上的人中，有26.4%选择离婚，结婚4年以下的新婚夫妻中，有24.6%选择离婚。黄昏离婚率历史上第一次超过了新婚离婚率，这可真是可悲、可叹啊！2009年的黄昏离婚的比率从2008年的23.1%减少到22.8%，之后便呈现逐年增加的趋势，2010年为23.8%，2011年为24.8%，而2012年离婚的夫妻中每4对就有一对是结婚20年以上的夫妻。

结婚后在一起生活了20年以上再做出离婚的决定，并不是一件轻松的事情。虽然离婚不一定是坏事，但是离了婚的人大部分都说，离婚后失去的比想象的要多得多。离婚不仅会失去珍贵的家庭、幸福的人生和晚年，还会给子女的幸福带来伤害。但是，令人担忧的是，黄昏离婚有增无减。

最近，婚姻调查机构以全国50～60岁男女为对象，随机抽取了507名进行书面调查。结果显示，10名中有7名认同黄昏离婚。还有67%的人认为，夫妻之间如果没有爱情就应该分手。想在剩下的人生中为自己而活的调查者则占到了47.5%。根据欧洲的相似事例，通过这些调查数据显示的结果就可以判断出黄昏离婚的增加趋势。

黄昏离婚增加的原因是什么呢？离婚是人生中所经历的非

常痛苦的经验之一。离婚虽然会根据一方或是双方的意见来决定，但是离婚所带来的影响会波及子女甚至双方父母。在子女独立前或是在父母去世前，虽然夫妻关系不太好，但也不表现出来，而是忍耐地生活着。

但是，当子女都独立，只剩下步入黄昏期的夫妻时，家庭的稳定性和婚姻生活的质量都将由夫妻二人的关系来决定。因此，黄昏期因为对夫妻关系和婚姻生活的不满足而离婚的可能性增大。黄昏离婚是全球性问题，在美国或是欧洲，黄昏离婚也呈增加的趋势，日本也有“成田分手”[1]一说。

除此之外，韩国还有“大人离婚”和“结婚离婚”之说。大人离婚是指以子女大学入学为契机而离婚；结婚离婚是指为了不妨碍子女结婚，在子女结婚之后离婚。

这真是凄凉的场面。我们需要去寻找一下在一起生活了几十年的夫妻会下决心离婚的原因。这其中可能与女性经济能力和社会参与能力的提高，以及意识形态上升有关，但这并不是引起黄昏离婚的主要原因。

1　成田分手：成田指成田机场，原意是旅行回来的情侣因旅途中的琐事产生了矛盾，而选择在成田机场分手，现多指因生活琐事造成的分手。

让我们更加深入地探询一下。直到目前为止，那些一直忍耐着生活的女性都很被动，她们受到的持续伤害主要是人格所受的侮辱和贬低。有一个66岁的老奶奶向80岁的丈夫提起了离婚诉讼，理由是丈夫过度的家长制和吝啬。虽然夫妻都工作赚钱，但丈夫独自掌握着财政大权。冬天，家里采取各个房间单独采暖的方式，因为丈夫吝惜采暖费用。女儿因为寒冷要洗个热水澡，丈夫却训斥女儿“要是觉得冷就出去跑跑”。如果妻子用煤气灶30分钟以上，丈夫就会高压干涉，并且会说“一个女人持家怎么那么浪费，有什么就应该用什么”，对妻子毫不犹豫地进行侮辱和贬低。在离婚诉讼中，法院判决妻子胜诉，丈夫应向妻子支付赔偿金和财产分割共计4.5亿韩元。人格侮辱是黄昏离婚的主要原因。

遭遇离婚的丈夫们应该读一读16世纪文艺复兴时期意大利历史学家和政治舆论家马基亚维利的《君主论》。书中强调，“遭受侮辱的民众肯定会反抗”。

当然，引发黄昏离婚的原因有很多，而且十分复杂，大都没有办法明确是哪一个原因导致的。但是，对50～60岁的人进行“什么时候想换配偶”的书面调查发现，无论男女都选择“当对方对我的人格不尊重的时候”为“换配偶”的首要原因。随着黄昏离婚的增加，最近子女们的意识也在悄悄地发生着变化。因为自己的父母离婚而羞愧的时代已经过去了。当看到碍于他人的看法而痛苦地生活在一起的父母，子女们反倒会劝说父母离婚。这样的事例在不断增加，并引起了人们的注意。

遭受黄昏离婚的人，老年生活会是怎样的呢？这是没有办法回避的问题。虽然现在大肆宣传是百岁时代，但我们假设老人的寿命为85岁，那么老人在60岁的时候离婚，其后25年时间里即使生活费每月仅为100万韩元[1]，他所需的养老金也有3亿韩元。更何况，老人实际寿命可能会更长一些。虽然有工作的人生活费问题会得以解决，但现实中老人能干的工作几乎没有。因为要对到黄昏离婚为止所积累的财产进行对半分割，所以需要重新

1　100万韩元相当于6000多元人民币，这是韩国最低收入标准（2016）。

制订晚年计划。黄昏离婚的核心就是财产分割，根据婚姻存续时间的长短来判定分配的比例：婚姻时间未满5年，没有工作过的一方能得到共同财产的10%～20%；10年以上为30%～40%；20年以上为50%。另外，国民年金[1]也会根据婚姻时间的长短进行等级支付。

给大家举一个因丈夫的冷漠和外遇而离婚的例子。在25年的婚姻生活中，有10年丈夫都对妻子毫不关心，于是妻子向丈夫提出了离婚诉讼。法院判定夫妻离婚的主要责任在于丈夫，判决丈夫向妻子支付财产分割金3亿5千万韩元和赔偿金3千万韩元。丈夫看妻子一直没什么反应，就以为她默认自己多年的外遇，误会妻子理解自己的所作所为，因此在离婚时受到了极大的冲击。

对于独自度过晚年的老人来说，身患疾病是最糟糕的情况。支付治疗费之后，黄昏离婚的老人中还能够享受幸福晚年生

1 国民年金：韩国的一种社会保障性质的公共年金制度。具体来说，就是个人为了预防因年老无法工作或发生无法预料的伤残及死亡而支付保险费，在年老、伤残及死亡时，国家再向本人或遗属支付的费用。离婚后，没有交付过年金保险费的一方可以分割配偶的年金，具体分割比例按婚姻持续时间计算。

活的，为数不多。有黄昏离婚自然就会有黄昏再婚。对于度过幸福的晚年生活来说，再婚也是一个应对方案。不过，在头一次婚姻的问题没有彻底解决的情况下再次结婚，会埋下不幸的种子。对于因对方的经济实力而再婚的，会遭受子女的强烈反对。

肯定有人会提出，为什么只强调黄昏离婚的严重性而不提解决方案。那么，我将之前提到的尚福尔的话稍加改动一下：

“因为每天晚上黄昏离婚都躺在夫妻之间，所以无论如何都要对另一半好才行，一定要好！”

小贴士

黄昏离婚并不是别人的事情。2013年，韩国结婚20年以上的人中有26.4%选择了离婚。这一数值首次超过了结婚4年以下的新婚夫妇离婚率（24.6%）。“百年好合”已快成为只能在书上看到的词了。

夫妻之间维护爱情的20条准则

1.为了打开夫妻之间的话匣子，要先从废话聊起。不要总想着教育对方，好好倾听。不要指示对方，而是要拜托对方。

2.要承认男女对话方法存在差异。男性特别反感对方冗长的叙述，女性特别反感对方的沉默不语。

3.丈夫是不会主动找事情做的。对丈夫，妻子一次只能拜托他一件事。

4.丈夫一定要记住妻子喜欢情感方面的支持。

5.人与人的性格差异本质上是对话方式的差异。夫妻之间不和的根本原因就是对话的中断和使用暴力型对话法。

6.丈夫只有获得了妻子和孩子的芳心，才能活得幸福。期待妻子能够成为优秀的家庭保姆，这样的丈夫是没有希望的。

7.妻子最想听到的赞扬一般有3种：第一，我妻子真漂亮；第二，我爱我的妻子；第三，我的妻子真能干、真棒。如果妻子现在就在身边的话，就请来实践一下吧。没有在身边的话，就请发个短信吧。

8.世界上所有的人都想成为孝子或孝女，但没有配偶的支持和理解，无论如何是当不成孝子或孝女的。

9.赞扬能使鲸鱼跳舞。爸爸也需要得到赞扬、尊敬和安慰，因为他们的灵魂也曾受过伤害。

10.不给对方造成伤害而将心里话说出来，会给夫妻吵架带来益处。将夫妻之间的矛盾转换成情感也是需要练习的。

11.以“我”为开始的“我的对话法”会起到夫妻无法争吵起来的效果。

12.夫妻吵架不能触及的3种事：配偶的家庭，过去的事，配偶的缺点。夫妻吵架不能做的3种事：暴力，辱骂，损坏物品。

13.夫妻吵架一定要做的3种事：停止；好好倾听；和好，结束吵架。

14.夫妻吵架要遵守的6个原则：第一个原则，要将吵架控制在一定的范围内；第二个原则，要使用“我的对话法”和“事感期对话法”；第三个原则，不使用暴力型语言；第四个原则，吵架之后如果出去的话，要告诉对方自己的行踪；第五个原则，吃饱喝足才有力气吵架；第六个原则，在睡觉之前一定要和好。只要遵守这6个原则，百分百会赢，而且是双赢。

15.暴力型夫妻是无法自己解决问题的，需要专业人员的帮助。

16. 结婚后如果不能从原生家庭成功分离出来，那么未来的婚姻生活会很艰难。夫妻关系不好的话，会把注意力转移到自己的父母和子女上面。

17.可以通过登山、体育活动、兴趣爱好恢复夫妻关系。夫妻要掌握好彼此的关系以及与子女的相处，才能幸福。

18.幸福不是从知识中得来的，而是从实践中得来的。家庭幸福的实践行动要从自己做起。

19.如恋人般的夫妻生活中没有谁是应当付出的。要始终坚持对对方的付出表示感谢。

20.会吵架的夫妻的10个特征：

①夫妻吵架能在10分钟之内结束。

②夫妻吵架之后有和好的意识。

③当对方表示和好的时候，自己会装出不得已的态度接受和好。

④不使用肢体动作，只用语言吵架。

⑤能认识到自己的错误。

⑥即使夫妻吵架也不会分房生活。

⑦在没有子女的时候吵架。

⑧夫妻吵架之后不能有报复行为。

⑨夫妻吵架之后不向婆家或娘家报告。

⑩夫妻吵架之后不能向子女发脾气。

Chapter
03

你从哪个星球来的

与孩子的沟通犹如解码

01

当初您也叛逆过

成人或是成为大人的标准是什么呢？这可真是棘手的问题。是能自己挣钱养活自己，还是成家立业，有了自己的家庭和事业呢？虽然韩国是指年满20岁以上的男女，但是我感觉就凭这一点不足以成为成人的标准。另外，虽然同样挣钱，但是60岁的人会把40岁的人看作孩子，40岁的会把30岁的看作孩子。

成人的意义在于已经获得了能够得到社会尊重的某种能力。要想得到尊重，单纯靠挣钱的能力还是不够的。也就是说，仅有养家糊口的能力是不够的。那么，更高的要求是什么呢？我认为具有能够利用家庭这个小环境，来促进社会进步发展的能力，才是成人的标准。如果以这点为标准的话，那么我们都只是上了岁数的孩子。

为了能够将家庭这个小社会成功地发展下去，比起其他因素，沟通才是最重要的。如果家庭成员之间以尊重的心态进行对

臭小子！
咚！
哈哈！

话沟通的话，那么这个家庭就能够产生战胜危机的力量。相反，虽然过得很富裕，但是没有沟通的话，那么家人只是住在一个屋檐下的同居者。

可是，沟通实施起来并不那么轻松。现今社会，父母千方百计想要和子女沟通，可收效一般。因为努力也没有什么进展，所以很容易放弃，结果变成“无言家族”。但事出必有因，无言家族里肯定存在尚未解开的疙瘩。

说一个我所知道的一对夫妻的故事。随着丈夫工作的外调，两口子毫无准备地成为周末夫妻。当时，这对夫妻的孩子正要进入初中学习。有一天，像往常一样，一家子坐在一起吃饭聊天。当爸爸看到儿子对妈妈出言不逊的时候，爸爸打了儿子一巴掌。从那天开始，孩子和爸爸再也没有对视过。只要是和爸爸一起进行的活动，孩子都开始拒绝，外出用餐也不去，看电影也不爱去看，如果非要他去，他就晚回家。周末爸爸要是回家的话，孩子一早就出门或是躲在自己的房间里不出来。父母当时认为这个年龄段的孩子可能都这样，懂事了就会好的。但是，随着岁月的流逝，孩子上了高中二年级，父子之间没有对话的年头已经有将近5年了。爸爸意识到再这样下去可不行，便把孩子叫到外面进行了沟通。

给孩子买了好吃的，虽然问孩子有什么不满的地方，可是孩子依然沉默不语。爸爸把藏在心中的想法都说了出来，说出了埋藏5年的道歉。这时一直一言不发听着爸爸说话的孩子，在爸爸向自己说对不起的一刹那，流下了泪水。虽然身材已经和爸爸差不多了，却颤抖着肩膀用手擦着眼泪。这次交谈使父子之间的关系得以恢复。

如果有需要道歉的事情，不要犹豫，立即行动。虽然话是这么说，但是实施起来并不容易。有过道歉的经历或是得到过别人道歉的人才会做得更好。这听起来虽然有点儿像辩解，但当我们还是孩子的时候，让20世纪六七十年代的爸爸们道歉，简直比登天还难。当时的大人，道歉的话是连提都不会提的。孩子做错了事情，要受到批评、惩罚，甚至还要写检讨书。但是，父母犯了错误也不说明白，就一笑代过，有时反倒会发火。在那种环境长大的人，即使时间已经过了很久，向自己的孩子自然地道歉也不是件容易的事情。

不过，现在的社会已经发生了改变。一定要明白，即使道歉也不会让权威消失。不要有错觉，父母单纯靠着权威发号施令的时代已经过去很久了。我们现在所生活的时代，理解和协作代替了权威。道歉需要具有比吵架更大的勇气，但如果道歉能让我在这个世界上最爱的儿子得到幸福，道个歉有什么大不了的。

虽然拥有道歉的心态很重要，而且也有道歉的想法，但是实施起来却不是件简单的事。偶尔会因为道歉而引发更大的争吵。给大家介绍一个典型的案例。

“我错了。”丈夫说道。

但妻子不依不饶的：“做错什么了？”

“今天回来晚了。”

“看看，现在连自己做错什么了都不知道！”

妻子即使发脾气，丈夫也不会进行深刻反省。嘴唇发干、血压上升的新一轮战争开始了。道歉的心情一扫而光，重新开始压制和耍臭脾气。但是，这样的争吵会使问题变得更加严重，而且会使丈夫下了再也不会道歉的决心。

对于丈夫来说，道歉这一行为是一种极大的挑战。外出工作，难免会有应酬喝酒晚回家的时候。丈夫看到妻子生气，勉强控制着自己的情绪道歉，而这时妻子却反问自己到底做错了什么，难堪的处境引发了丈夫的火气。即使道歉也没能解决问题，反倒被妻子质问，受了委屈。这种情况丈夫和妻子都有问题。

道歉的方法非常重要，比起语言，发个短信或是写信更有效果。即使让人感到很肉麻，也请给妻子一个红彤彤的苹果吧。无论有多么生气，妻子也会偷偷发笑的。比起毫无诚意的道歉，这么做的效果高出好几倍。相反，当丈夫得到妻子的“对不起，我错了”这句话时，丈夫那不愉快的心情会一扫而光。并不是因为丈夫的心宽，而是因为男人是单纯的动物，女人是非常微妙又较真的动物。

我认识的人中有用一袋橘子使夫妻关系恢复的事。这对夫妻以无言的方式度过了7个年头，而且也分房睡了7个年头。男人上班挣钱，女人在家带孩子，两人之间几乎没有交流，甚至连为什么吵架都不知道了。日子一天天过去，突然有一天，丈夫在下班路上的地铁站买了一袋橘子，只是因为卖橘子的老人让他想起了自己的妈妈。

丈夫买完橘子很担心，因为这是第一次往家里带水果，也不知道该说什么才好。所以，他什么话也没说就把橘子放在餐桌上，洗完澡出来的时候发现妻子正和孩子们吃着橘子呢。

“橘子真甜。”

事实上，这是妻子很久以来头一次主动与自己说话。他本想装作没听见，直接回房间睡觉，却想起了恋爱时的往事。寒冷的冬季，因为不想分开，他们在胡同里面边聊天边吃着橘子。过了几天，丈夫又买了袋金鱼饼回家，依旧放在餐桌上，妻子和孩子们开心地吃了。虽然他也很想加入，但实在没有勇气。

第二天早晨正准备上班的时候，他听到了妻子的声音：

“吃完饭再走吧。”

这么多年以来头一次能在家吃到早餐，他无法无视，只好坐到了餐桌旁。这时，妻子也坐到了丈夫的对面。刚要吃饭的丈夫泪如泉涌，低下了头，把深藏在心中好久的话说了出来：

“对不起。”

这一句话让妻子流下了热泪。

成人应该是会主动道歉的人，再进一步讲，是用真诚的态度道歉的人。只要表情和行动真挚，那么道歉就已经成功地向前迈出了一步。得到道歉的人如果说了比较多的话，就说明道歉收到了效果。这时需要的是倾听。对方不接受的道歉不是道歉。一定要记住，伤口是要用道歉才能愈合的。

小贴士

现如今的父母应该做到，如果犯了错误能够向孩子道歉。道歉行为与权威的消失是不同的概念，不要产生错觉。长大成人的标志是指会向别人主动道歉，进一步说，是可以真诚地道歉。

02

不好意思，是父母有问题

在《希腊罗马名人传》中有这样几句话："自杀是为了维护荣耀和名誉，但不能因为逃避自己应该承担的责任而选择自杀。仅仅为了自己的生或死是一件羞耻的事情。"俄罗斯小说家陀思妥耶夫斯基所著的《群魔》里也有类似的话："不管出自何种理由，自作主张的自杀都不对。"

韩国青少年死亡原因的第二位是自杀。2011年，韩国国民健康保险公共团体收集的资料显示，2010年因抑郁症和抑郁症复发而在医院接受治疗的10岁以上、20岁以下的青少年人数为23806名。如果再加上那些有抑郁症症状而没有就医的患者，实际上正在遭受抑郁症折磨的青少年人数是调查数据的10倍以上。首尔市小儿·青少年广域精神保健中心，2010年以首尔市30786名中学生为对象，实施了"抑郁症学生筛查"。其中17.2%即5295名学生平时有抑郁的情绪。这已经到了相当严重的程度。患抑郁症的青少年绝对不是少数。

我特别想对父母说的是，正是你们让孩子患上了抑郁症。虽然父母大多经过一番艰苦打拼才走到现在，但这是没有办法抱怨的事情。因为自己有过这种经历，所以父母会为了孩子能够实现人生目标而过分强调竞争的重要性。我觉得，这是非常不可取的。教出生之后连话都说不利索的孩子认字，有的甚至还教别的国家的文字，已成为现今社会的趋势。现在两三岁的孩子都有压力，这样的压力会随着年龄的增长逐渐加重，并在青少年期达到顶峰。

首先来看一下我所了解的一个事例。

就读初中三年级的哲秀，在小学六年级的时候就进入特殊目的高等学校补习班学习。不知从何时开始，哲秀在补习班考试的前一天会没有任何征兆地腹痛和腹泻。哲秀总是做着考试的梦，而且大部分内容都是关于一道题都不会做而交白卷的噩梦。同时，哲秀也出现了脸部抽搐的情况。这是从进入特殊目的高等学校补习班一年的时候出现的。实际上，小学、初中、高中的学生因成绩和学业所受的压力去进行心理咨询的人在逐年增加。有些学生还出现了圆形秃、抽搐、腹痛和头痛、手心多汗症、睡眠障碍和抑郁等多样的症状。

高中二年级的英秀的情况更加严重。晚上一个人在学习的时候，他总能听到“嘻嘻嘻”嘲笑自己的笑声。不仅如此，有时候他甚至能看到有人推开房门在监视自己。和妈妈讲了自己的这种感觉，可妈妈却说这是因为“注意力不集中，才会发生这种事，所以成绩才会滑落”。

英秀自上一次考试成绩大幅下降以后，便开始出现幻听和幻视，并一直持续发展，没有得到丝毫缓解。最终，他在一次考试中因为捂住耳朵大声喊叫，而被送去医院接受治疗。英秀因为幻听和幻视同时接受了药物治疗和心理治疗。在心理咨询室，英秀因为幻听和幻视都是以妈妈为主角而感到惭愧。这个孩子对监视、评价、训斥、刁难自己的父母十分愤怒，他的心也被此占据着。然而，对妈妈的愤怒越大，他对妈妈的负罪感也越强烈。英秀认为自己是因为讨厌妈妈才得这样的病。这真是无奈啊！事实上，需要接受心理治疗的不只是英秀，还有英秀的妈妈。

这不是我个人的判断，而是最让从事心理咨询的专家们感到困惑的问题。原因在于父母，因为他们不接受心理咨询，而只是把孩子送到咨询室。虽然孩子们在接受咨询后有所好转，可之后很快又复发了。其实，这是让孩子患病的父母没有改变造成的。

对于女学生来讲，怀孕是个大问题。有一个女学生即使有个全方位监视的妈妈，还是怀孕了。孩子被送到补习班之后，和男生在学校的屋顶上做了不该做的事情。事后，这个女生还信誓旦旦地说上了大学要和那个男生结婚。两个人为了不分手，彼此约定要努力学习。虽然这个女生的学习成绩在当时的状态下还能维持着不错的水平，但是最终因没能坚持到最后而痛苦不已。和男朋友分手的结局让她痛不欲生。

问这个女孩为什么学习会那么好，她说只有学习好才能摆脱妈妈的唠叨。女孩的回答真是让人心酸。

为什么要学习这个问题，对于现如今的孩子来说，已经成为不需要询问和探究原因的一种单纯性任务。连具体憧憬未来幸福生活的余地都没有，单纯地认为只有成绩好才能保障未来生活的幸福。对于孩子们来说，学习既没有意思也没有意义，有的只是痛苦。在这种情况下，孩子们会选择谈恋爱、喝酒、抽烟、在网吧打游戏熬过一天。做这些事情对于青少年来说，有可能是他们在学习和竞争泛滥的世界里活下去的手段。

不久前，有一个调查是以进入韩国最高学府的学生为对象进行的。其结果显示，虽然能够预料到这些学府中有生活在江南区[1]或者上过特殊目的高等学校补习班的学生，但是大部分都是自主学习能力优秀的学生。自主学习是指能够自学的能力。更加让人吃惊的是，自主学习能力在进入大学之后将发挥更好的作用。

结论很简单，在强压下是没有未来的。父母的责任在于帮助和引导孩子寻找自己所走的路。如果能够在孩子需要和父母谈心的时候，守护在旁边，就再好不过了。

甘特[2]对于自杀曾经这样说过："如果为了脱离痛苦而自杀，

1　江南区：韩国首尔市的一个区，因在汉江以南而得名，是韩国精英和富豪聚集的地区。

2　亨利 · 劳伦斯 · 甘特（1861～1919），美国管理学家，人际关系理论的先驱。

那么自身就成为缓和痛苦的手段了。人不是为了缓解痛苦而被利用的手段。自杀之所以不对，和他杀不对的理由是一样的。”

青少年自杀成为现今非常严重的社会问题。虽然应该制订具体的对策方案，但是我们首先应该认识到问题不是出在孩子身上，而是应该先从父母身上找到使孩子出现问题的原因。大人要先从改变自身意识开始。

小贴士

最让从事心理咨询的专家们感到困惑的问题是，父母不接受心理咨询，而只是把孩子送到咨询室。虽然孩子们在接受咨询后有所好转，可之后很快就会复发。其实，这是父母没有改变造成的。

03

“妈妈是疯子，爸爸是傻子”

当人从青春期迈入成人期的时候，自身所形成的正是价值观。在价值观形成的关键期给予孩子最大影响的正是父母。孩子是父母的一面镜子。请我们不要忘了，父母的价值观会原封不动地变成孩子的价值观。不好的事物总是比好的事物生命力强，扩散力也强，这是万古不变的真理。那么，在现今社会，对于孩子来说，父母是怎样的一种存在？

您知道有一个“反对父母论坛”吗？在人们震惊的同时，这个论坛遭到禁止而转入地下，开始非公开活动。然而，直到2012年12月为止，这个论坛仍处于爆满状态。判断这个论坛是否会消失还为时尚早，因为它已经转为地下活动了。关注这个论坛的专家曾经和我说过这样的话：

“论坛里的帖子能够使人感受到，孩子对父母的愤怒是如此赤裸，简直到了让人厌恶的程度。”

小学生们对强迫自己学习的妈妈有着自己给起的称谓“疯×”，还有“像狗一样的×”，这些实在是无法说出口的充满敌意的用语。对爸爸的称谓是我们所熟知的“小气鬼”“傻子”等骂人的话。

我真是无法相信也不愿意相信这一切，但这些却是无法回避、无可争辩的事实。一定要找出形成这种现象的根源，因为孩子是最宝贵的。为什么孩子对父母会如此愤怒和敌对呢？分析一下孩子们写的内容，大多数的愤怒都是针对父母把自己变成学习的奴隶这一点。这是一种父母没法做成的事情却强加给自己的愤怒，是一种学习不好而受到蔑视的愤怒。现在，大部分父母将孩子和学习联系在一起，只聊一些与学习相关的内容。孩子们将父母这样的表现称为“肤浅”。事实上，这也确实是十分浅薄的态度。

一个上初中二年级的男生和妈妈一起来接受心理咨询。妈妈紧锁眉头说道：

“这样下去他连首尔的大学都考不上。”

听妈妈这样说的男生突然发起脾气来：

“啊，真是的！我现在才初中二年级。”

“别人都是一进初中就开始做考大学的准备了！”

“妈妈成天别人、别人、别人！别人就那么重要吗？”

“别人当然重要了，怎么不重要？只要做到别人都能做到的，你才能像别人那样生活！”

“我不想那样！”

“那是因为你还不懂事。妈妈都是为了你好。”

“只要不妨碍别人，我只想做自己想做的。为什么我一定要做别人做的呢？”

“你想做的事？又是导游吧？那是正经职业吗？人生目标

怎么会是导游呢？你不记得上次咱们一家去旅游的事了吗？都没人正眼瞧导游，也挣不了多少钱，真是没活干了才干导游。”

“那又怎么了？为什么瞧不起导游？”

“哎哟！难道你真想干那伺候人的事吗？”

“我是觉得给人们讲解知识挺好的。”

“如果真是给人们传授知识那就当教授吧，那样挣钱还多。老师，您听到他刚才说的话了吧？初中二年级的孩子竟然梦想当导游。真是丢死人了！”

“啊，真是和妈妈说不通！”

家里肯定每天都上演这样的说战。随着爸爸的一声怒吼，战争结束。这位男生讨厌这样的爸爸和妈妈。父母的话没有一句是可以听的，也不想听。前面案例中的哲秀称妈妈为“疯子”，称天天喊叫的爸爸为“自恋的白痴”。

爸爸对考试没考好的哲秀是这样说的：

“真好，从你不学习的时候我就料到了。和你学的程度来比啊，你考得算不错了。”

孩子无法忘记爸爸训斥自己时的表情。

事实上，那个想当导游的男生，是因为全家出去旅游的时候，当时的导游给他留下了深刻的印象。那个导游不仅外语流利，对于自己提出的问题也是友善地回答。最让他无法忘记的是，那个导游不把他当成小孩子，而是像朋友一样。总之一句话，是因为有了与家人之间无法进行的对话。

孩子的第一对话对象应该是父母，这是古往今来的真理。和父母舒服地对话会形成孩子正确的人格和价值观。

我向孩子提出了问题：

“你是怎么和父母进行对话的？”

“也没什么对话。即使问爸爸一些问题，他的回答也是一样的，要不就说现在不用知道，要不就发脾气。和妈妈的对话不叫对话，只能叫命令。‘学习！’‘学习了吗？’‘什么时候学习啊？’只有这些。”

经过多次挣扎，这个孩子再也不想主动和父母进行对话了，因为他知道会是什么结果。我又问他想在哪方面像自己的父母。

“没有。”

这个男生成了既不主动说话，也不愿意回答问题的孩子。

就像前面所讲的那样，我曾经一度中断了和孩子之间的对话。虽然有点儿晚，但我还是及时地恢复了和孩子的关系，经常和孩子聊很多无关痛痒的话题。聊一些无关痛痒的话题是一个家庭中最有趣的沟通方式。夫妻之间或是父母和孩子之间聊一些无关痛痒的话题是最有意思的事情。看着电视，聊聊演员的话题，聊聊关于体育的话题、朋友的话题、邻居的话题，想说什么就说什么。这样聊下去的话，家人之间的话题永远都不会中断，因为通过聊天，家人能够得到快乐。

如果孩子梦想着当导游，先不要无条件地说不可以。找出孩子想当导游的原因，以及想想这个有益的职业对社会所做出的贡献。要不然就先把孩子所说的话听完，而不是急着做出判断。如果真是忍不住想说的话，那就给孩子提一些建议。一定不要忘了，说的话要加以修饰。先把有“师”字的职业才是最好职业的想法隐藏起来，要像有着很多优秀想法的人一样去发言，这样才会在不知不觉中成为那样的人。当孩子看到父母这些变化的时候，他也会建立起美好的梦想。为什么要这样做呢？因为孩子是宝贵的，我们自身也是宝贵的。

小贴士

孩子想当导游的契机是全家出去旅游的时候导游留给他的好印象。全家旅游的时候所遇到的导游不仅外语流利，对于自己所提出的问题也是友善地回答。最让他无法忘记的是，那个导游不把他当成小孩子，而是像朋友一样。总之一句话，是因为有了与家人之间无法进行的对话。

04

偏爱是家庭暴力

下面是一个小学生所写的日记。

如果没有美晶的话

当我欣赏照片时，充满回忆的都是美晶还没出生时的那些。那时是多么的幸福呀……自从美晶出生，我的位置就被抢走了。这真让人嫉妒，真想回到从前。如果还有未来的话，爸爸会在未来重新爱我吗?

以偏爱为素材的故事是和人类的历史相辅相成的。童话《灰姑娘》是一个表现偏爱的故事，《圣经》里该隐和亚伯的故事反映的也是偏爱。偏爱是指将关心和关爱偏向一方。而偏爱对父母、对受到偏爱的对象、对偏爱的受害者来说，都不是一种积极的行为。

人们往往忽视得到偏爱的孩子也是受害者这一事实，因为得到偏爱的孩子成年之后患上社会不适应症的概率很高。当然，没有得到关爱的孩子，成年之后的问题会更加严重。

一般来讲，没能得到父母关爱而长大的孩子，自尊感会崩溃，而自卑感则会上升。然而，独享父母关爱的子女在成长的过程中也会发生很多问题。独享父母关爱的孩子无论怎样表现，在幼儿园或是学校都会遇到挫折，因为老师不可能把关爱只付出在一个孩子身上。因此，在受到挫折之后，孩子就会不适应集体生活，甚至有人会在社会性方面出现问题。

最严重的问题是，偏爱孩子的父母意识不到自己在偏爱的这个事实。假如没有得到关爱的孩子长大成人之后质问父母：

“为什么不平等地对待我们？”

大部分的父母会不认账：

“十个手指咬哪个不疼啊？我们爱你们所有人，那是你们的误会。”

那不是误会，而是谎言。说谎的父母和听父母说的孩子都知道这是谎言。让我们都坦诚地回答一下，孩子里是不是有让自己更满意的，或有让自己更加期待的孩子？我也一样，所以不会去争辩。我周围大部分的父母也一样。非常奇怪的是，总有那么一个孩子会让我们很满意。那个孩子会自己处理好自己的事情，家长从没有因为这个孩子大声喊过。即使是亲兄弟也会有各自的个性，而父母会自然而然地去偏爱和自己在价值观上相似的孩子，所以偏爱是一种自然现象。

美国加利福尼亚大学研究发现，70%的爸爸和65%的妈妈会对子女有偏爱行为。更加让人心酸的事实是，子女会通过观察了解自己是否是偏爱对象，而及时调整自己的行为。

偏爱不仅仅表现在行为上，在语言上也能表现出来：

“像姐姐那样。”“姐姐要忍忍。”“不是妹妹吗？”“家里老大要起到表率作用。”“你怎么就不能像哥哥那样做呢！能做到哥哥一半就好了。”“姐姐多漂亮啊，怎么长得不像姐姐呢？”“你到底像谁，脾气这么倔？”“哥哥都考上好大学了……”

听到这样的话，孩子幼小的心灵是会受到伤害的。从父母的角度来讲，首先应该承认自己的偏爱行为，并积极地采取弥补措施。非常简单的方法就是隐藏。

下面介绍一个黄熙丞相的故事。黄熙丞相对拉着两头牛的农夫问道："嗯，这些牛可真有力气啊。但是，哪一头牛的力气更大呢？"听到这话，农夫突然放下手上的活儿，走近黄熙丞相身边。"大人，那边的那头力气大一些。"农夫用手挡着嘴小声说道。

黄熙丞相问道："这话很重要吗？还要和我悄悄地说。"这时，农夫非常恭敬地回答道："怕力气小的牛听到会伤心。"

真是不可思议吧？对于生活在现代社会的我们来说，是不是应该继承祖先留下来的对待偏爱的智慧呢？

隐藏偏爱的关键是，无论有几个孩子都应该一视同仁，用同样的语气说话。令人称奇的是，孩子可以从叫自己名字的声音中听出父母对自己的关爱程度。

方法一，和孩子开玩笑也应该一视同仁。为了表示亲近，即使是家人之间的游戏和撒娇也一定要公平，关爱也要公平分享。要不怎么会有"讨厌的人要多给一块饼干"的说法呢？这是祖先的智慧。

第二，要和孩子们享受1对1的约会时间。当与孩子单独在一起的时候，要多表扬孩子，同时多制造一些只有两个人才知道的小秘密。棒球选手朴灿镐说过，他的妈妈为了当运动员的儿子，瞒着其他兄弟带着他去市场买了一整只鸡给他吃。朴灿镐当然感受到妈妈对自己的爱，也帮他形成对自己和家庭的责任感和义务感。一定不要忘记1对1约会的核心——约会是两人之间的秘密。这时需要聊一些无关痛痒的话题。

第三，无论是哪个孩子的话都应该公平、认真地倾听。再怎么想反驳也一定要忍住。这样的态度会让有点儿问题的孩子发生变化。需要惩罚的时候也要一视同仁，要保持公平和一贯性，无论是老大还是老小，核心都是接受同样的惩罚。

第四，还要说服亲戚和自己一起努力。亲戚有的时候是可以依靠的人，有的时候却是绊脚石。每当节日家族成员聚在一起的时候，亲戚一句无心的话会给孩子带来很大的伤害。无论是谁都不能将孩子比来比去或者质问所犯的错误，这需要父母事先打好招呼。

做好上面这几点并保持好，那么就会很好地将偏爱隐藏起来。万一被孩子发现父母的偏爱，孩子也会因父母为了隐藏偏爱所做出的努力而感到好受一些。这与受到偏爱是两种不同的感受。让孩子拥有好的性格和成长为有用的人才，是养育的核心。父母不能忽视任何事物，做到一切能做到的事情。养育孩子是件很辛苦的事，但就是这份辛苦才成为人类延续下去的力量。

小贴士

美国加利福尼亚大学研究发现，70%的爸爸和65%的妈妈会对子女有偏爱行为。更加让人心酸的事情是，子女会通过观察了解自己是否是偏爱对象，而及时调整自己的行为。

05

效果满分的饭桌旁沟通

节日里，所有家庭成员聚在一起精心地准备着食物。先用食物纪念祖先，再把这些食物和大家一起分享，才算礼仪周全。但是，为什么这样的节日成为大家痛苦的旋涡？矛盾的开始是集中在时间、金钱和劳动上面的。在父母家待多长时间？什么时候回家？对购买礼物和孝敬父母的钱准备多少合适？该由谁来摆祭祀用的食物，又该让谁来摆饭桌、谁来刷碗？

将劳动等同于痛苦也无妨，因为人累了肯定会不满、发牢骚。这时就会引发相对应的不满，一来二去就会引起吵架，以至于在所有亲戚面前引起不和和痛苦。当然，这样的情况对教育子女没什么好处。为了阻止这样的事情发生，就要做好准备。要先将矛盾缩到最小，并在好久一次的三代同堂聚会上利用一定的方法顺便教育孩子。

夫妻在回老家之前需要采购物品、礼物，为了缩小矛盾，直到出发的那刻还需要对意见进行调整。丈夫在这个时候还是听从妻子的意见为好，因为过节的时候最疲劳的是妻子。难道非要扯着嗓子和妻子过不去，在憋闷的车里引发矛盾吗？堵车的时候，孩子最容易吵闹。孩子一闹，妻子心里肯定不高兴。经过长途跋涉，终于到了婆家。刚进门连休息的时间都没有，妻子就要开始挽起袖子干活。那令人讨厌的妯娌，那令人害怕的婆婆，从几天前就开始积攒的压力现在一个个冒出头来。

妻子所盼望的并不是不去婆家，而是有人能理解她的心情。所以，只要节日临近，丈夫就一定要无条件地站在妻子的立场上来理解妻子。如果真能这样做的话，那么痛苦的场合有可能会变成教育场所。

节日是祖孙三代相聚的时刻。过去有句老话，“孩子是全村人带大的”。现在还讲究“隔代教育”。隔代教育是指，由祖父母代替父母和孙女孙子生活在一起，并承担主要教育责任。世界首富比尔·盖茨和美国前总统奥巴马都曾受过祖父母很大的影响。

事实上，父母容易受到各种感情因素的影响，所以在孩子人性教育方面很难做到客观。这时就需利用具有客观性、上了年纪的祖父母以及周围一些成人的教导，因为这些人的教导能帮孩子成人，培养孩子的社会性能力，成功地成为社会人。但是，这些传统、风俗如今正在逐渐消失。现在，隔代教育已经有名无实了。

要想很好地在社会上立足，就必须具备自尊感和忍耐力。犹太人对培养孩子忍耐力有着一套特殊体系。“得到犹太人晚餐的邀请，就要用完晚餐再走。”为了准备这顿晚餐，每周五晚上家人开始一起采购，一起做饭，并在食物前一起祈祷。这些仪式要到晚上10点才能全部完成，而且孩子都要参与其中。所以，为了能够吃到食物，孩子就只能发挥忍耐力了。

设想一下每周都要进行这样的活动，孩子为了能够得到需要的东西学会了忍耐，在饭桌前听着大人们说的话，学到了家族的传统。世界上有名的冰激凌、甜甜圈、巧克力产业的创业者大部分都是犹太人。犹太人为了能让孩子们在餐桌旁多坐一会儿，准备了美味的甜点，因此这个传统发展成为产业。

犹太人认为，经常和家人一起用餐，会加强孩子的会话能力，同时也相信会话能力会使孩子成功。为了能够听懂大人说的话，孩子就会集中精力，还能学到礼仪知识。从我们的角度来说，传统文化在一步步消失，所以难免会羡慕犹太人的这些做法。我们也曾有过相似的东西。还记得孩提时期被子里带盖子的铜饭碗吗？爸爸晚归的日子，孩子在热炕头保管爸爸的带盖子的铜饭碗，以此象征爸爸的权威。不仅是这些，如果邻居家送了蒸糕，在爸爸下班之前是谁也不许碰的。通过这些行为，孩子培养了忍耐性，进而也领会到家庭的珍贵和权威。然而，现在这样的传统已经成为过去式了。

比起培养学习成绩好的孩子，我们更应该培养自尊心高、忍耐力强的孩子。我知道这句话说了也是白说，因为在一个家庭里面，学习成绩好的孩子往往才是第一位的。自尊感是通过共情和倾听而形成的。共情和倾听的基本条件就是对话，而现在，对话的家庭在减少，无言的家庭在增加。自尊感强的孩子越来越少，如果一个国家里自私和利己的孩子越来越多，国家的未来会变成什么样呢？

教会孩子有人情味和忍耐力、使孩子感受挫折和克服困难的环境在消失，村落也在消失。热心指正孩子错误的胡同里的大叔、长辈、亲戚都已经消失了。

养育孩子的事情纯粹变成父母的事情。但是，在父母都有工作的家庭里，父母都太忙了。即使有时间，但如果没学好怎么当父母，在这种父母养育下长大的孩子也会学到错误的价值观、生活习惯，形成不好的性格。

这些孩子在不知道这些错误的情况下长大了，因为没有人给他们提醒和指正。他们长大以后成为别人家的女婿、儿媳妇，甚至成为我们的女婿、儿媳妇。

这真是个问题。难道我们真的无法培养出自尊感高、忍耐力强的孩子吗？这真是让人苦恼。

好的礼仪习惯的消失意味着支撑社会的价值观也在消失，但是只要我们在以后过节的时候，一个一个地把好的传统找回来就可以。首先从归乡路的车里开始吧！

“这次我们去爷爷家还像上次那样继续有礼貌地向爷爷请安吧？拜托了。”

“爷爷奶奶提问的话要好好回答。上次这么做了，爷爷看上去很高兴呢。”

使用“拜托”这个词会得到很好的效果。如果能有第三个人从旁进行称赞的话，效果会更棒。“爷爷看上去很高兴”这句话也会让孩子朝着好的方向前进。

能够帮助孩子的具有人情味的传统一定要找回来。只有这样才能让孩子产生忍耐力。吃饭的时候只有老辈人先开始动筷子吃，晚辈才能动筷吃饭。一定要教会孩子这样的礼节。这些就是饭桌旁的教育。

“只有大人开始动筷吃饭才可以吃饭的，拜托了。”

“大人还没吃完饭就起身的话，就像在幼儿园里大家都在一起吃饭的时候因为自己先吃完就起身吵吵闹闹一样，知道了吗？”

节日能够让孩子感受到珍贵的餐桌文化教育。大家有过小时候在餐桌旁边吃饭边聊天的经历吗？说实话没有。我们小时候是禁止在餐桌上边吃边聊天的，而是一声不吭地吃饭。当然不能在爸爸动筷子之前先吃，也不能在爸爸没吃完之前起身离桌，否则就会招来责骂。

根据各种资料显示，人在就餐时间受到的影响很大。根据美国某些资料显示，那些学业成绩突出、有优秀人格、没有不良行为的高中生都有一个共同点，即经常和家人共同进餐。

特别是孩子小的时候，和爸爸对话有助于提高孩子的语言力、想象力、集中力。孩子这些能力高是所有父母梦寐以求的事，因为它们是让学习成绩优秀的条件。为了培养语言理解力，比起给孩子读童话书，还不如在餐桌旁和孩子进行对话来得有效。

在餐桌旁和父母的对话是孩童时期能够让孩子接触外部世界的方式之一，也是唯一能够听到生疏词语的时间。新奇的词语能够让孩子发挥想象力，提高注意力集中水平。

所以，就餐时间一般在20分钟比较好，因为孩子能够集中注意力的时间就是20分钟。餐桌旁是将好的价值观传授给孩子的场所，也是培养孩子忍耐力的训练场。那么，我们一般人的餐桌教育是怎样的呢？是不是发牢骚、种下矛盾的地方呢？

如果让我说说关于我个人在与孩子们相处的时候做过的后悔事，那么排第一位的就是在饭桌旁没有和孩子进行对话。我从没有学过这方面的知识，因为我爸爸告诉我吃饭的时候不能说话。

我想要和孩子说的事情有很多很多，但问题是该怎样向孩子传达呢？虽然信息的内容很重要，但是传达信息的方式也很重要。吃饭的时候，喝茶的时候，运动的时候，看电视的时候，在孩子容易接纳、敞开心扉的时候，要用精练且深刻的语言来传达才最重要。

这其中，在餐桌旁的教育是最有效的，因为人们吃饭的时候也是敞开心扉的时候。现在，家庭餐桌挽救了曾经崩坏的家庭，培养孩子好的人格，培养孩子重要的自尊心、忍耐力。大人们为了能够使孩子走向幸福，就要从餐桌教育出发。

我们不孝敬父母，会让孩子看到并学习这种行为，进而产生反效果，将这种不孝转移到我们自己身上，这是不言自明的事。节日所摆设的祭祀桌和就餐礼仪，真希望大家从对隔代教育意义的理解开始，把传统的礼节一个一个找回来。节日不是痛苦的存在，是一年中培养孩子忍耐力和传授传统礼节的好机会。如果父母向孩子传授这些内容，在准备过程中，父母也一起参与研究学习，那么节日就会成为不可或缺的宝贵时间。

小贴士

我们不孝敬父母的行为会让孩子看到并学习，进而产生反效果，将效应反转到我们自己身上。在节日的祭祀和就餐礼仪中，真希望大家能从对隔代教育意义的理解开始，把传统礼节一个一个找回来。节日不是痛苦的存在。

06

双职工夫妻教育孩子，请以质取胜

年过50就不会有太多让自己感到吃惊的事情了，除非买彩票中了大奖。因为这个岁数的人已经历了太多，所以在一般的事情面前不会再彷徨。但是，年纪轻又都在外面就业的夫妻就不太一样了。孩子生病或是稍微磕着、碰着，都会让年轻父母着急上火。等孩子长大以后，不听父母的话，顶撞父母，任何事情都反抗父母，更会让父母睡不着觉。

要不然利希滕贝格怎么会在自己的《格言集》中写："子女确实是麻烦的来源，同样也是不确定的安慰。"

在养育孩子的过程中，丈夫和妻子的矛盾加深的情况占大多数。特别是那些双方都有工作的年轻夫妻，在如何分担家务和育儿的事情，用什么样的态度来养育孩子等这些问题上，会产生很大的分歧。自古以来岳母和女婿之间的矛盾，即岳婿矛盾，现在已成为严重的社会问题。随着双方都工作的夫妻的增加，岳母与女婿的矛盾逐渐浮出水面。然而，在岳母帮助带孩子的过程中所触发的岳母和女婿的矛盾，也可以说是幸福的矛盾。

因为没有人帮助带孩子，把孩子送到幼儿园或是托儿所的人担心孩子受到虐待、吃到不好的食物、产生不安的感觉等，有着各种各样的担心。然而，对于什么办法都没有，只能把孩子送幼儿园的妈妈来说，心里面是没有办法安心的。所以，我们现在聊聊关于有工作的夫妻在子女教育问题上的一些事情。

有工作的夫妻分为4大类型。

第一种，为了生计型夫妻。家庭经济情况需要已婚女性主动或被动地与丈夫一起参与经济活动。

第二种，辅助型夫妻。为了丈夫的学业和发展，由妻子担当起维持家庭生计的责任。这里需要强调的是，维持生计的妻子的态度是保守的，呈男尊女卑的形态。

第三种，实现自身价值型夫妻。中上阶层、高学历的女性通过就业实现自己的价值，以为了实现夫妻关系的平等为出发点。

第四种，丰富空余时间型夫妻。与生计、辅助，还有实现自身价值等没有任何关系，仅仅是为了自身的兴趣爱好而去工作。

除了丰富业余生活这一类型以外，双职工的家庭中，孩子教育问题是最大的令人苦恼的问题。

那么，怎么解决这些烦恼呢？

只有掌握具体情况，才能挖掘解决方案。我将这些烦恼细分了一下，发现它们一般分为3种，即养育层面、教育层面，还有职业妇女过重的角色负担。

首先，看一下养育层面。这一般涉及抚育设施的不足和昂贵的幼儿抚育费用问题。实际情况是，抚育费用超过了女性平均工资收入的30%。抚育设施或是费用问题不能让个人解决，需要社会和政府想出对策。

其次，再看一下教育层面。辅助型职业妇女和实现自我价值职业女性会让婆家或是娘家帮忙，雇人来进行代理养育。生计型的会把子女带到工作岗位上，或将孩子托付给兄弟姐妹。最近还有一些父母将孩子托付给在老家的父母，在周末的时候和孩子见上一面，被人们称为“周末父母”。处于这种形态的父母随处可见。等上完幼儿园成为小学生，孩子放学后可以去补习班，一直等到父母下班为止。现在的孩子，放学回到家的时候没有父母相迎的情况，比比皆是。有70万～80万的小学生会回到没有父母等待的家，独自度过3～7小时。

最后，我们再来关注一下职业妇女过重的负担。有些外出工作无法照顾孩子的妈妈会带有负罪感。大部分职业夫妻现在所处的情况可以用“3D战略”这个新名词来说明，即Dutch-pay(夫妻分产制)，Delay-kids（延迟生育），Double-role（角色共有）。

社会的整个体系和意识形态都十分复杂，没有头绪的职业夫妻很难在养育子女方面建立起相应的对策。下面，推荐给大家3种削弱问题的方法。

第一，提高养育和教育的质量。职业夫妻与全职妈妈相比在量上难以取胜，因为和孩子相处的时间显然是少的，所以只能规划出提高相处质量的战略。下面举一个例子说明。

和孩子相处的时候一起看电视是不可以的。推荐大家和孩子一起玩耍，好好听孩子所说的话，表扬孩子的想法和行为。2012年，相关统计资料显示，在韩国，爸爸和子女对话的平均时间不满30分钟，和妈妈的对话时间则长达2小时以上。和孩子相处时间相对少的爸爸，更要提高相处时间的质量。对话的重点在于倾听，聊无关痛痒的话题，绝对不聊学习和升学的问题。

第二，提高妈妈生活的满足度。妈妈生活的满足度会在很大程度上影响孩子。满足度下降的妈妈很有可能会通过态度和语气，直接传达给孩子，从而带给孩子不安和伤害。我想说的是，提高妈妈的自尊感会对子女教育起到帮助作用。妈妈应该放下把孩子托付给别人抚养的负罪感，而合适的做法是给子女做出表率。

第三，需要家庭绝对的理解和协作。大部分做丈夫的，都认为孩子应该由妈妈来抚养，养育和教育是被动的。应该赶紧摈弃这样的想法。特别是职业夫妻在子女教育、家务分担上，绝对需要丈夫的协作，进一步来讲也需要婆家和娘家的帮助。

职业夫妻一定要遵守的5种教育子女的窍门

1. 一定要找有爱心的人来帮忙养育孩子。
2. 孩子一定要由父母亲自送到代为照顾的地方。
3. 给孩子充分的肌肤接触。
4. 和孩子分开后，一定要告诉孩子回来的时间。
5. 孩子到了一定的年龄（4~6岁），要告诉他妈妈工作的理由。

小贴士

职业夫妻为了能够正确教育子女需要做到的3件事：

第一，提高养育和教育的质量。

第二，提高妈妈生活的满足度。

第三，需要家庭绝对的理解和协作。

07

我家孩子为什么总是撒谎

孩子的问题行为类型诊断1

俗话说，“孩子的孝道从出生开始，到3岁就会结束”。这期间仅仅是看着孩子笑的样子、学步的样子、睡觉的样子，也会让人幸福和满足。但是，这之后会用尽一生偿还“子女债”。

我敢断言，这个世界上的每个家庭都或多或少有这样或是那样的问题。然而，当真到问题严重的时候，大多数人却采取了把问题掩盖或是尽量不去理会的态度。有问题就应该公开并集中精力寻找解决问题的方案。况且，没有问题的家庭并不是幸福的家庭，而能够积极解决问题的家庭才是幸福的。虽然这是我自己写的话，但在这里也要自夸一下，真是写得太棒了。

在成长过程中，孩子会遇到很多碰壁的情况。父母不可能每次都在孩子碰壁的时候提供有效的帮助。如果每个人天生都是充满智慧的，那么这个世界就不会有那么多的矛盾和冲突。碰壁的人痛苦不堪，选择逃避，甚至导致行为举止出现异常。幸运的是，很大一部分问题可以靠时间解决。只不过，在解决程度上会有所差异。通过观察孩子的行为，父母利用一定的对策可以将烦恼的时间缩短。之所以这样说，是因为我也经历过儿童时期和青春期，我有可能做了比自己能够记起来的更加荒唐的事情。事实上，即使成年以后，我也一直存在问题。同样地，我也经历了解决问题的过程。我们在孩子出现异常行为的时候需要沉住气。

我整理出6种需要父母帮助的有异常行为的孩子：

因为害怕而撒谎的孩子；

轻易放弃简单问题的孩子；

习惯输给别人的孩子；

偷东西的孩子；

总是向妈妈提问并过度依赖妈妈的孩子；

总是哭喊、发脾气的孩子。

当孩子有异常行为的时候，父母首先想到的是“怎么改正”。但是，先考虑“为什么”，才是智慧地解决问题的捷径。

孩子的异常行为正是父母行为的写照。简单来说，这也是孩子寻找出路的方法，而在父母看来却成为异常行为。孩子有问题和异常的行为都是因父母而起，所以治愈的方法也应该从父母自身开始。父母要始终学习和思考的理由正是在这里。

因为害怕而撒谎的孩子

“不是我干的。”

“那是谁干的？”

“我也不知道。”

无论是谁都能看出来孩子在撒谎，但孩子就是一口咬定自己没干。这其中的原因在于对话的开始。都不给孩子对自身行为说明的机会，而是打断对话，直接指出错误并加以批评，于是孩子出于本能开始撒谎。并且，还没等妈妈提问就开始说谎的行为，也是因为这个理由。强势和简单粗暴的指示会削弱孩子的气势。

不能对孩子说“你只要撒谎，妈妈就知道”这样的话。

“妈妈不是为了批评你，而是想知道你在干什么。”以这样的方式和孩子对话，孩子会将自己的想法舒舒服服地告诉妈妈。因此，最开始的发问很重要。

“为什么弄得这么脏？”这不是提问，是指责。

“你在做什么呢？我真好奇。”这样提问的话，孩子就能感受到妈妈相信并支持自己。保持干净整洁的事情之后再教也不晚。

轻易放弃简单问题的孩子

“这道题怎么没做啊？”

“这不是有点儿深度的题吗？看起来有点儿难……”

躲避麻烦的事情是人类的本能。尽可能去做简单的事、舒服的事，正是人类本能的心理活动，所以孩子玩玩具和学习要按照其发展规律，循序渐进地进行。但是，稍微有点儿难度就放弃的事情如果经常反复发生的话，这样的孩子就应该引起父母的重视。虽然这有可能是天生的品性，但这样的孩子大部分都是因为对自身能力的不确信，或者习惯于有人代替解决困难。这种情况大部分出现在被家长宠爱的独生子女身上。这些孩子害怕挫折，遇到挫折的时候会比普通孩子有更严重的恐惧感。遇到这种情

况，父母应该耐心引导孩子将注意力集中到需要解决的问题上。

首先，我们需要观察一下父母的态度。当孩子有失误或是犯错误的情况时，比起父母跑过去解决，应该让孩子自行处理。还有，不论孩子犯了什么错，都不应该对孩子提高嗓门训斥。当孩子自己处理、解决问题的时候，要以这种形式鼓励孩子："做得好，我的好儿子！自己能这么沉着地解决问题，真是太了不起了！"父母的表扬会使孩子恢复自尊感，并逐渐消除对自己能力的怀疑。

习惯输给别人的孩子

"我本来就这样。我就那么回事。"

"这个我怎么能做出来？"

有一些孩子总把这种话挂在嘴边。就像轻易放弃的孩子那样，因为自尊感出现问题，所以这类孩子才会产生这种异常行为。当然，这也是父母养育方式出现问题所导致的情况。其多见于父母没有让孩子尝试过取得成功的经验，或是没有正确地使用表扬的技巧。

比起为了让孩子品尝成功的经验，更应该给孩子创造和朋友接触的环境。通过朋友的失败和遇到的挫折，孩子会意识到人不可能将世上所有的事情都做好。而且，孩子在各种各样的关系中会发现自己也能比别的孩子做得好。

在表扬孩子的时候，利用第三人称会取得更好的效果。

“老师说你的语文学得很棒。”

“门卫叔叔说你很有礼貌，把我们儿子好一顿夸奖。”

千万不要抱怨没有表扬孩子的素材。想让我们的孩子得到

更多人的表扬，首先就应该先表扬别人家的孩子。

“东浩画画怎么那么好啊？可能是遗传了妈妈的艺术天分吧？”

“什么，民秀歌唱得好，朋友也多？这事有很多人都知道呢！”

当然，孩子以这种方式被表扬的话，会收到很好的效果。

小贴士

没有问题的家庭不是幸福的家庭，能把问题解决好的家庭才是幸福的。当父母看到孩子犯错的时候，首先会想到“怎么解决”。但是，如果能在第一时间里思考“为什么”，这才是智慧地解决问题的捷径。孩子异常的行为是父母行为的写照。不要忘记，这是孩子对父母的防御方式。

整天寻找妈妈的孩子

孩子的问题行为类型诊断2

上一节里讲述的3种孩子的问题行为，只要父母稍加注意，就能充分地掌握对策。而且，这3种也很难说是严重的问题。本节要讲的这3种问题，如果放弃不管，就有可能发展成相当严重的问题。

偷东西的孩子

妈妈带着7岁的孩子一起去了超市。回到家发现孩子手里拿着棒棒糖，妈妈立刻发问：

“这是从哪里拿来的？偷的吧？”

“不是，我是在地上捡到的。”

妈妈充满担忧，因为这已经不是第一次了。大多数父母在这种情况下除了彷徨无助，剩下的就是采取错误的解决对策，如对孩子大喊大叫、训斥孩子，甚至打骂孩子。那么，让我们看一下孩子从别人那里拿东西意味着什么。

孩子一般在3岁之前，对物品所有权的概念还不是很明确，通过反复说明才能留下一个模糊的印象。当孩子不经允许拿别人东西的时候，家长要给孩子充分的解释并理解孩子的行为。但是，到了7岁左右的时候，即使没有人去教，孩子也有区分别人的物品和自己物品的能力，同时也知道拿别人的物品是不对的行为。

对拿别人东西的孩子来说，他们大多都是想以此获得父母的关心。缺少关爱、要求没有得到满足，于是孩子用这种方式来表现对关爱的渴求。这也是一种替代满足。不过也有与上述情况相反的原因，即由于父母对孩子过度保护，导致孩子为了对强制性父母表示反抗，而反复偷东西。归根结底，所有这两点其实都是为了获得父母真正的关心。

当孩子拿了别人的东西时，“偷来的吧”这样极端的发问是极其不理智的行为。虽然理解父母吃惊和愤怒的心情，但一定要先消消气，再问问孩子“为什么”。因为发火、对孩子吼叫会给孩子带来无法治愈的伤害。

万一孩子真的是捡了掉在地上的棒棒糖，而妈妈却说“偷的吧，为什么干这种坏事”来质问孩子，孩子会觉得妈妈把自己看成一个坏孩子，同时孩子的自尊心也会受到致命的打击。如果孩子是真的想要棒棒糖的话，那么应该带着孩子再回到超市，确认价格以后，告诉孩子不付钱直接拿走商品的行为是背弃社会性约定的违法行为。

以后再和孩子去超市的时候应该特别注意孩子的行为。但是，大家都知道超市是雷区。成年人看到这么多的商品时都会不由自主，更何况是孩子呢？仔细观察孩子，如果他手里拿着糖果或是饼干，就要说“孩子，你是想吃这个了，那么我们去付款台付完钱再吃吧”，以此来诱导孩子。

如果孩子今天没有碰这些物品的话，妈妈就应该对孩子说：“谢谢你和妈妈一起购物。有没有想要吃的？妈妈作为礼物买给你吧。”要以这样的方式强化正确的行为。

总是向妈妈提问并过度依赖妈妈的孩子

小学三年级的民秀没有妈妈的帮忙什么事情都做不了。做作业的时候、准备物品的时候，他总是跟在妈妈的后面问“这个怎么做”，而且一问就是一天，甚至当天写日记的主题也要问妈妈。妈妈担心孩子过度依赖自己，但是所有的这些问题都是妈妈造成的。

这些没能自己的事情自己做的孩子，只能成为“妈宝”。而从妈妈的立场来看，她仅仅是出于爱孩子、想帮助孩子而已。但是，孩子会立刻适应这种情况，成为“袋鼠孩子”。

把孩子变成这样的父母属于溺爱型（什么都帮孩子做）、支配型（无视孩子的能力，一贯持强制性的态度）、过度期待型（对孩子的期待值过高，不允许孩子独立做事），等等。

先看看父母自身，他们总认为孩子自己什么都不能做。父母不承认孩子的自律性，对孩子所做的事情总是带有批判。这样的父母应该反省一下是不是对孩子期待过高。“你只要学习就行，剩下的事情妈妈来做。”说过这话的父母绝对属于这类型的父母。因为知道父母会替自己做事，所以孩子会成长为没有责任感只有依赖感的成人。

孩子已经产生的依赖行为不可能立刻改正，所以要先制订孩子能够独立完成的简单目标，如自己吃饭、自己刷牙、自己整理书包等类似的事情。一个目标实现之后再制订下一个稍微有点儿难度的目标。但是，这里需要注意一点。

即使孩子的行为有不尽如人意之处，但对孩子自己独立完成的这一行为，父母绝对不能吝啬表扬。有时候，父母的不关心也是一个好的方法。一定要抛弃快速解决孩子问题的想法。“冰冻三尺，非一日之寒。”解决问题也是需要时间的，但是通过这一过程，孩子和父母都经历了一次成长。

总是哭喊、发脾气的孩子

养育耍赖的孩子需要非常大的忍耐力。有些父母偶尔会忍不住火气打骂孩子，几乎都是因为孩子的耍赖行为。因此，耍赖是孩子从睁眼的瞬间就开始的行为。

只要是眼睛看得见的东西都是耍赖的对象：秋天耍赖要穿短袖，没雨的天气耍赖要穿雨靴；耍赖不想去上学，不想做作业；一生气就撕书，哭闹不止。但令人奇怪的是，孩子在学校特别听老师的话，没有任何问题。这真是让妈妈不解，难道孩子是双重性格？不是这样的。让孩子耍赖的原因是父母，而不是老师，也不是朋友。

孩子耍赖的情况有的是自己做了不想做的事情，有的是想做事情的时候又不让做。孩子非常明白在学校这个社会团体里要按规则办事，即使耍赖也没有用，但是在家里就不需要遵守规则。哭闹耍赖的原因是孩子有了自己的主张，他通过这种方式得到过满足。

当孩子处于没有能力调整感情的幼儿时期时，父母遇到这种耍赖哭闹的情况，最好的办法是置之不理。但是，当孩子什么都明白，却为了制服父母而耍赖的时候，最重要的事情就是父母要表明严肃拒绝的立场。刚开始，孩子可能会因为父母的拒绝态度而感到彷徨，采取更加激烈的耍赖行为。如果父母这个时候退缩的话，就会助长孩子无理的气焰。要明确地告诉孩子家里要遵守的规则，耍赖是行不通的。

纠正孩子不当行为的过程对于父母和孩子来说都会很痛苦，但是即使很痛苦也不能放弃。想象一下孩子的未来就知道了。导致问题产生的父母是解决和修正孩子行为问题的最佳人选。“因为孩子还小，我们夫妻又都有工作，所以看着孩子可怜。”要摈弃这种想法。

如果是特别严重的情况就应该考虑去看专业医生。心理上的疾病和身体上的疾病是没有区别的，不要戴有色眼镜看待这一问题。

小贴士

当孩子拿了别人的东西时，“偷来的吧”这样极端的发问是极其不理智的。虽然理解父母吃惊和愤怒的心情，但一定要先消消气，再问问孩子“为什么”，因为发火、对孩子吼叫，会给孩子带来无法治愈的伤害。孩子所有异常的行为都是因为父母，请带着忏悔的心情来听听孩子的心声。

让孩子幸福的20条准则

1.当父母做错事情的时候，不要犹豫，要有主动道歉的柔韧性。主动道歉并不代表权威的消失，这是两个不同的概念。

2.道歉也需要技术，所以比起语言，利用文字和信件等不需要出面的方法还是不错的。

3.后果是父母造成的，但是父母不接受心理咨询，只让孩子接受。即使心理咨询后孩子有所好转，他也立刻会出现问题。这是因为造成孩子问题的父母没有改进的结果。

4.如果自杀是为了躲避需要面对的事情，那是绝对不可以的。

5.现今社会学习是不需要问、不需要探究的事情，成为需要完成的义务。但一定要意识到，强制是没有未来的。

6.学习只有在自己喜欢的情况下才能够收到好的效果。这就是自主学习。

7.不好的总是一如既往的强大，比好的扩散得要广。这是万古不变的真理。

8.和孩子沟通的对象是父母。通过对话，孩子能形成健全的人格和价值观。

9.美国加利福尼亚大学的研究显示，70%的爸爸和65%的妈妈有偏爱子女的现象。

10.得到偏爱的孩子成长为社会不适应者的概率更高些。当然，得不到关爱的孩子，问题会更加严重。

11.父母要承认自己有偏爱行为，同时要寻找给子女减少伤害的方法。

12.为了不表现出偏爱，对所有子女用同样的音量和态度讲话。同时，父母要创造能够与孩子进行1对1接触的环境。

13.无论是谁都不能拿自己的孩子和别的孩子比较，并抓住错误不放。我们要接纳孩子原本的样子。

14.如果我们蔑视和虐待父母，那么孩子就会学着蔑视和虐待我们。

15.我们这个社会需要老人，孩子需要既有客观性又上了年纪的祖父母和亲戚的教导。他们的教导可以帮助孩子形成健全的人格，成功地培养出具有社会能力的社会人。

16.为了能够很好地适应社会，生活需要自尊感还有忍耐力。

17.犹太人非常重视餐桌教育文化，为了让孩子能够在饭桌旁等候而做出很好吃的甜点。

18. 在饭桌旁与爸爸的对话是孩子与外部接触的珍贵时刻。因为爸爸讲的事情是如此新鲜，所以孩子的想象力和注意力集中水平能够得到充分的激发。

19. 如果孩子耍赖、无理取闹，应该严肃对待。如果对待孩子没有底线的话，只会培养出自私的孩子。

20. 如果认为孩子是宝贵的，那么应该无条件地等待孩子的成长。

Chapter

04

为了我们的宇宙

超越差异和障碍，一起快乐地生活吧

01

平均67分

莎士比亚在《麦克白》中写道："虽然心中有想法，但是没有实际行动。虽然可以跳起来，但是什么也抓不住。"哲学家歌德在《格言与反省》中说过："只学习理论知识而不去实践，是不可能成功的。"所有这些内容都在向大家传递实践的重要性。

我们现在知道了，夫妻创造幸福家庭要学会吵架，夫妻之间要像情人一样生活，无条件地倾听，沟通就是幸福等内容。事实上，这些内容一般人都知道，但问题是实践起来并不那么容易。虽然我们一直都在关心孩子的自尊感，但是父母的自尊感高，孩子的自尊感才会高，这是常识。夫妻的自尊感高的话，就没有什么需要吵架的事情。谷仓满满的人，无论干旱还是洪灾，都会平静地面对。如果谷仓里物资贫乏，心态就没那么放松了，再琐碎的事情也会引起轩然大波；没什么大不了的事情，也会轻易受到伤害，不停地吵架。

自尊感是自我尊重感的缩写。自己能够得到爱，是有价值的存在，相信无论什么事情都能胜任，有这些想法的人无论什么情况都不会抛弃自我。自尊感是非常有魅力的，但是我们会那么容易就得到很高的自尊感吗？生活就是连续不断的挑战和失败。在坚守自尊感的同时，还要经历生活的艰辛。没有哪对父母不想在孩子面前表现出自信满满的样子，但总在失败、总在后悔、总在反省的就是我们人类。

如果我们的孩子自尊感有问题的话，就证明父母和孩子的关系也出现了问题。现在可不是发出“都是我的错”这种叹息的时候，而是该想想怎么提高孩子的自尊感。因为这个问题只有父母才能解决，所以绝对不能回避。

第一重要的是，父母要掌握自己的自尊感程度，要有勇气承认自己自尊感低的现实。在承认的瞬间，为什么总是发火，为什么在琐事上发生夫妻争吵，为什么明知道是忠告却不爱听，为什么明明知道却不去做等问题，便一下就可以得出答案。

我的自尊感是多少分？自尊感测试

1.孤独的时候有可以聊心事的朋友。

2.别人能做的事情我也能做。

3.我认为认识我的人都会对我有好感，对我会有积极的评价。

4.不太需要别人对我的赞扬。

5.对别人的批评不会受到伤害，会很好地接受。

6.我会公开承认自己的失误。

7.对别人的成功，比起羡慕和嫉妒，更会有“我也会成功的”这样的想法。

8.和初次见面的人打交道不发怵。

9.我深信自己过着比别人更加幸福的生活。

10.无论什么时候都能够清楚地表达自己的感情和想法。

在自尊感测试的10个项目中您符合几个呢？

符合7个以上，是能够稳定地爱护自己的人。自尊感高的人也是自信满满的人，即使做错了事情也会轻易解决。这个能力在学校是学不到的，小时候和父母形成怎样的关系是其中最重要的因素。

符合3～4个的人，请不要在原地自怨自艾，而是应该好好研究一下如何改变现在的自己。不经过努力，只知道埋怨别人，或者只会说“因为我这样所以不行”，那么所剩无几的自尊感也会荡然无存。现在，最需要的事情不是和别人进行比较，而是回忆一下自己的过去，以此提高自尊感。

如果符合的项目不到3个，那就属于情绪瞬间高兴、瞬间忧郁、容易发火、感情起伏很严重的人。您是不是经常听到有人说自己“真是个看不懂的人”？自己都不理解自己，别人当然会这么说。在人际关系上非常谨慎，除了有几个能说心里话的朋友以外，没什么朋友，所以就感觉不到对自己的爱护。

自尊感低的人有共同点。首先是对自己的外貌非常不满意，如对自己的身材和相貌非常不满意，甚至达到害羞的程度。如果父母这样，那么孩子也会受到影响。这些孩子已经适应父母的不满意，已经养成了寻找自己缺点的习惯。而且，这类人EQ（情商）也很低，总在考虑“别人会怎么看我”，所以就会降低理解和共情别人的能力。自己无法主动处理问题，再无法适应自己所属的圈子，就会引发一些矛盾。这样的人与子女共情的能力也很低，在家庭内部是不和睦的主导者。

自尊感低的人还有另一个特征，就是以自己的想法来理解对方的想法。有时候，父母以为子女会喜欢自己的行为，但是没想到会引起子女的反感。共情能力低下的人以为自己的行为会得到子女的喜欢，然而这种行为只会埋下子女反抗的种子。而且，这类人势必会看别人的脸色，比起自己的感情更看重对方的感

情，但不必要的和尴尬的赞扬反倒会引起别人的反感。这正所谓恶性循环。

这种恶性循环反复的话，就会导致自闭症、害怕见人、欺软怕硬等。但是，父母的这种状态孩子会照单全收。自尊感低下的父母会通过孩子来证明自己，认为孩子的成功是自己的成功，孩子的失败是自己的失败。自尊感低下的父母视孩子的成绩如生命的原因就在于此。

有些父母会对没有达到自己要求的子女严加管教，甚至会虐待孩子。对这类父母来说，无视子女所说的话是基本，配偶和亲友的忠告也绝对不参考。结果，家里就变成无交流的外星家庭。

根据现有资料显示，韩国成年人的自尊感平均是67分，不算太低。如果能将平均分数提高10分的话，那我们所生活的社会将更加健康。

小贴士

不去努力只埋怨别人，那所剩无几的自尊感也会消失。根据现有资料显示，韩国成年人的自尊感平均是67分，不算太低。但如果能将平均分数提高10分的话，那我们所生活的社会将更加健康。

02

父母自尊感=孩子自尊感

韩国诗人李恩尚生前曾留下这样的话：

“自尊心最终不是排他的，也不是傲慢，是树立自己，是强调自己。没有自尊心的地方才会有讨厌的谄媚，肮脏的屈服。”

李恩尚话中的“自尊心”换成“自尊感”完全没有问题。自尊感并不是单纯的自负心，而是尊重自我的心态。很多教育专家一致认为，教育子女重要的不是孩子的学习成绩有多好，外语说得有多好，而是要重点培养孩子的自尊感和忍耐力。这是孩子未来必须具备的品质。假如我们的孩子是自尊感很高的孩子，那么过度保护的问题、校园暴力问题、青少年离家出走问题等会相对少一些。自尊感高的孩子因为知道自我的重要性，所以不会轻易、草率地陷入某些不好的事情。这样自尊感健康的孩子，成年之后会经营出幸福的家庭。

养育出自尊感高的孩子的方法有很多，因为自尊感已成为现代教育的核心。这是非常好的现象。说实话，我直到孩子小学毕业为止，都没有考虑过孩子自尊感的问题。可想而知，我对孩子的影响会是怎样的。这真是令我痛心后悔的事。

通常来讲，自尊感在孩子从满2岁开始到7岁或8岁为止，通过父母的养育而形成。因此，自尊感的根基在孩子上学之前就已经形成了，在以后的学校生活及与朋友的关系中，还会不断矫正和强化。读这本书的读者应该有一些像我一样，在孩子幼年时期没能及时认识到自尊感的重要性。但是，不能因此而放弃。我们人类不就是在不断变化和发展的存在体吗？从现在开始努力，远比放弃要好得多，因为我们最少也能获得与孩子沟通和交流感想的成果。

在前面，我也强调过为了提高孩子的自尊感首先要提高父母的自尊感。事实上，为了提高自尊感，我也在付出很大的努力。为了能和家人沟通，我真的使出了吃奶的力气。在自我回望、审视自己的过程中，我明白了自己自尊感并不高的事实。我先接受和承认了这个事实，同时也相信自己会改变。对自己的信任也是提高自尊感的前提。

自我提高自尊感的方法其实很简单。

第一，要有爱自己的想法。连自己都不爱护自己，又怎么能爱护他人呢？连自己都不承认自己的价值，别人又怎么会帮自己提高价值呢？

第二，千万不要拿自己和别人比较。自己正在羡慕的人其实也有着他的弱点和痛苦之处，而且也会有其他人正在羡慕自己。这样想的话会舒服很多。

第三，养成赞扬他人的习惯。英国斯坦福郡大学的珍妮佛·科尔博士通过研究认为，“经常赞扬他人的人，比不赞扬他人的人，自尊感要高很多”。能够真实地赞扬他人身上自己所不具备的优点，有助于提高自己的自尊感。

第四，不要忘记，我们不仅是单纯地活着，而是应该拥有“自己的人生”。不需要把全部精力都投到孩子身上，有时可以让孩子吃点儿方便面，空出时间自己去看场电影。没有必要因为家里有考生而放弃自己所学的东西。拥有自己生活的父母反倒能够更好地爱护孩子，因为父母放松的生活态度能够转换成爱护孩子的能量。

第五，要拥有自信感。人生中理所当然会遇到失误和失败，但这也让我们明白了人生不会因为几次失误和失败就结束。要积极乐观地对待自己的人生，要赋予自己所做事情一定的意义，这些对于恢复自尊感也是很有帮助的。

第六，看起来可能有点儿突然，那就是运动。这其实是最容易实践的一条。慢跑也好，打羽毛球也行，简单的运动就好。如果觉得这些运动累的话，就做做俯卧撑或仰卧起坐。制订好目标后一点一点地实现，会对恢复自尊感有很大的帮助，也会起到惊人的效果。运动让人健康，使自己的外貌看着比实际年龄要轻。这样的反馈效应为提高自尊感开启了良性循环。实际上，外貌如何并不重要，关键是自己的想法。对自己的外形充满自信的人，在人际交往中会朝着好的方向发展。

夫妻二人是互相提高对方的合作伙伴。自尊感高的夫妻可谓琴瑟和谐，对子女也有很好的影响。我会告诉大家如何成为自尊感高的夫妻，希望大家都去实践一下。

第一，赞扬。每天都试着赞扬对方一件事。在饭桌旁，丈夫说：“今天的汤好喝得都没法说了！不愧是料理王。”对于下班早早回家的丈夫，妻子说：“亲爱的，你这么早回家可真好。”这个家幸福的氛围会绵延不断。

第二，礼仪。对于夫妻之间没有任何拘束的关系更应该遵守的是礼仪。对于在饭桌旁埋怨饭菜的丈夫，妻子会怎么回应呢？“挣的钱像耗子尾巴那么少，事倒是挺多！”如果用“为了节约用钱，这个月的生活费有点儿紧张，真是不好意思。辛苦了，亲爱的”这句话代替前一句话会好上百倍、千倍。前者所说的话会让丈夫瞬间没了食欲，血压上升，后者所说的话会让丈夫的心中充满爱意。

第三，禁止比较。请从这一瞬间开始将谁与谁比较这样的事情从人生中完全抹掉。与朋友的丈夫、朋友的妻子、朋友的丈母娘家、朋友的婆家、朋友的孩子相比较，就如同打开地狱之门一样，还不如说说别人家的闲话呢。

第四，要共有。夫妻二人可以一起运动，或是即使短暂也要享受二人世界。特别是对于由妻子全面担起育儿任务的家庭来说，有必要让妻子暂时脱离孩子，轻松一下。这一点要是能够得到丈夫的支持，对于提高妻子自尊感有很大的帮助。

最后，让我们了解一下如何提高孩子的自尊感。想象一下您的孩子说这样的话：

“虽然我有很多的缺点，但是我的优点更多。我遇到任何困难都不会放弃，会坚持到最后。上次那么辛苦我也坚持下来了。我就是这样的孩子。”

如果自尊感这么强的孩子是我的儿子或女儿的话，即使我不吃饭也会饱饱的。世界都变得美好了，因为孩子的未来是彩虹色的。

日本的“双胞胎课题”对双胞胎的性格做了分析，环境不同，即使是双胞胎，自尊感也有差异。和父母有着良好沟通关系的孩子自尊感就很高，反之在这方面缺乏的孩子自尊感就低。特别是在婴幼儿时期，父母呵护得好、关系融洽的孩子自尊感就高。当孩子有要求的时候能够及时反馈，并用关爱的眼神去注视孩子，看着这样的妈妈，孩子能够感觉到充分的爱。所以，在孩子出生后的3～5年里，与妈妈的亲密关系尤为重要，因为自尊感是父母与孩子相互作用才能提高的。

在婴幼儿时期，无论怎么哭闹，父母都没有反应的话，孩子就不会产生对父母的信任，认为自己的存在是凄凉的。这种不安的关系会降低孩子的自尊感。父母对这种状态放任不管的话，孩子就会有这种想法：

“我是家中不需要的人，因为学习不好，爸爸妈妈才讨厌我。我什么都做不好，直到现在自己都没有办成一件事，而且有可能这次也会失败。我就是这样的孩子，爸爸妈妈也这么说。”

这样的孩子一眼就能看出来，因为他们总是耷拉着肩膀，眼睛也没有精神，极度讨厌在公众场合亮相，朋友关系也不好。但是，父母现在就放弃孩子的话，还为时尚早。父母需要不懈努力，即便自己是造成问题的原因，恢复孩子自尊感的机会也还是有的。现在，孩子的自尊感处于什么状态，让我们来诊断一下。如果与下面自尊感测试的项目有着相似的行为并经常出现的话，父母就应该特别关注一下孩子并采取相应的对策。

孩子的自尊感会是几分呢？子女自尊感测试

1. 中断：感觉会输或是无法完成就会中途放弃或搁置。

例如，孩子正在做游戏，说句“我不玩了”就走出去了。

2. 回避：如果感觉会失败，干脆就不开始。

例如，在选举班干部的时候，孩子会装出不关心的样子，并说“做那个干什么”之类的话。

3. 欺骗：如果用正当手段无法完成任务，就会动歪脑筋。

例如，说谎或是考试的时候出现不正当的行为。

4. 淘气：为了隐藏挫折感而过度淘气。

例如，在家里很安静，在学校却出奇的淘气。

5. 支配：应该自己做的事情却让别人做，总是装腔作势。

例如，自己的书包让别人背或是让别人为自己做事。

6. 欺负：为了隐藏自己的不安和害怕而欺负别人。

例如，打朋友或是抢朋友的钱。

7. 忽视：忽视现实，对现实的重要性有着过于轻率的评价。

例如，临近考试却认为很简单，连书都不翻。

8. 合理化：总是强调失败和失误是别人造成的。

例如，打碎玻璃是因为弟弟想玩才造成的。

如果幼儿期是在空的图画纸上将自尊感作为底色涂上去的时期，那么小学时期就是将已经形成的自尊感进行校正的时期。孩子进入学校之后，因结交新的朋友并在相对严格的规则下学习，使得自尊感产生波动。另外，在青春期开始的时候，随着感情起伏的加大，自尊感也会产生混乱。特别在这个时期，孩子会显现出对父母的反抗心理和对自己外貌的不满、对异性的好奇、对学业自信感降低等复杂的感情，自尊感会很容易受到打击。

但问题是，孩子青春期时父母的表现和反应。

“要是那么做的话就算了吧！”

“学习是为了别人吗？都是为了你好。”

“你到底像谁，那副德行！”

一般都会出现这种情况。父母这样的话，会招来更大的挫败，危及已经岌岌可危的自尊感。仔细想想，我也是听着很多类似的话长大的。另外，“你长大以后要当医生”“妈妈没有实现的，要靠你来实现”，以这样的方式将孩子的未来设定在一个框架里，孩子是很难受的。

那么，正确的对话方法是什么呢？“对于你来说，教授知识的工作好像挺适合你的，你是怎么想的呢？别着急，还有很多时间。只要有你想做的事情，爸爸妈妈会全力支持你的。”以这样的方式与孩子交流，重要的是要帮助孩子建立起充分的思考能力和自由的决定能力。经过这样的过程，自尊感会慢慢恢复。通过对自己未来慎重考虑的过程，孩子会慢慢实现自己希望的生活。子女的自尊感是在与父母的关系中形成的，请不要忘记父母的态度和行动决定了孩子自尊感的高和低。

小贴士

重要的是，帮助孩子建立起充分的思考能力和自由的决定能力。经过这样的过程，自尊感会慢慢恢复。通过对自己未来慎重考虑的过程，孩子会慢慢实现自己希望的生活。子女的自尊感是在与父母的关系中形成的，请不要忘记父母的态度和行动决定了孩子自尊感的高和低。

03

创造奇迹的3阶段共情对话法

沟通并不是那么简单的事情，沟通的结晶是爱，沟通的原因是共情。关于共情，我们不仅要赞扬打破自我限制的行为，同时共情也是为了保全自己而无法舍弃的手段。可见，共情虽然是指向他人的结果，最终还是为了自己而努力的事情。

引起共情的最佳方法是“倾听”。能与父母经常对话的孩子很少有问题行为产生。共情也具有预防青春期叛逆的效果。那么，共情是从哪里来的呢？是以闭上嘴认真倾听、不要判断、站在对方的立场为开始的。

从出生到2岁，比起“说话”，更需要学习的是“听”。而且，即使过了60大寿，有很多人也不会“听”。倾听并不是自然形成的，是需要努力的。然而，努力带来的收获比想象的还要多。孩子变得幸福了，自尊感变高了，我们的家庭也就变得幸福美满了。

现在，我们来了解一下共情对话法是什么。很多父母都是“嘴和想法、行动不一致”，就连我也是这样。孩子的行为出现问题，大部分都是由于想得到父母的关心。但是，当我们的孩子真的出现问题的时候，父母的内心所想和从口中表达的意思却有着固定的模式。

“因为你，我真没法活了！”

“到底有什么不满？”

“你就那么回事。”

从口中说出这些话的瞬间，共情对话也消失得无影无踪了。共情对话法分3个阶段：倾听—共情—说话。当父母看着电视或是择菜的时候，随便对付似的和孩子说话，可万万不行。应该放下手中的活儿，和孩子进行眼神的交流。这样的做法是给孩子传达父母是多么重视他所说的话。如果能够偶尔点点头，适时地插一下话，有这样的附和反应就是锦上添花了。表情丰富一些，再利用一下感叹词也不错，“是吗”“真的”“厉害”“哇”等感叹词会让对话更加生动，能够引导说话的人说出更多的话。

还有绝对不能打断孩子的话。

“今天，我的朋友把我的笔拿走了……”

“抢走你什么东西了？”

“不是，因为我的好朋友今天没有带文具盒……”

“你做作业了吗？”

如果以这种方式打断孩子的话，某一瞬间孩子就会闭上嘴巴，诞生一个在外面能说会道，回家沉默寡言的孩子。这种现象即使成年以后也不会发生改变。所以，一定要好好倾听，坚持到最后听完。即使确认孩子做错了什么事情，也应该忍住想责备孩子的心情，听完孩子说的话。偶尔也要听一些琐碎无聊的故事、没用的故事、与主题毫无关系的故事，虽然这是一件很累人的事情。

现在，出一道练习题。孩子从学校闷闷不乐地回到了家，并说“老师就讨厌我一个人”，父母应该有什么样的反应呢？请从以下4个选项中进行选择。

1.不是的，老师可喜欢你了，是你自己想错了。

2.那是因为你调皮。好好认真学习，老师会喜欢你的。

3.你又惹祸了吧？

4.哦，是吗，伤心了吧？事实上，妈妈像你这么大的时候，也有过这种情况。但后来发现是妈妈想错了，老师其实……

大家是不是已经猜出答案了？正确答案是4。这种对话方式称为“是的—但是”对话法。首先利用“是的”来尊重孩子的意见，“但是”来引出具体的理由。孩子认为自己的想法得到父母的尊重，就不会拒绝，而会顺理成章地采纳父母的意见。

这样的对话方式还好在不会给孩子的感情带来伤害，是一种非常有效的向孩子传达父母意图的对话法。将主语“你”换成“我”是这一对话法的核心，不要说“你到底像谁，那个样”，而要说“看到你说谎，妈妈真的好伤心、好担心（隐性判断）”；也不要说“你真是个聪明的孩子”，而要说“你是个想象力丰富的孩子，妈妈真为你骄傲（隐性判断）”。

向孩子提出问题的时候，比起“为什么”，以“怎么”开始更好。“为什么没写作业”和“怎么没写作业呢”有着巨大的差异。“你没做吗”和“你做了吗”差异分明，前面的话是带着责备的感觉，后面的话是因为某种原因而含着同情的感觉。“为什么”是看结果，责备错误是让孩子难堪；“怎么”是询问过程，让孩子能够舒服地回答问题。

和孩子说话的时候不要使用指示性语气。重要的是，对于孩子身上的缺点要短说，对于优点要长说。

“又玩游戏？真没法活了。我一会儿不看着，你就干别的！你明年就是中学生了，就这种状态能考上首尔的大学吗？别玩游戏了，妈妈说了多少遍了！你期末考试的成绩都是因为玩游戏下降了。啊，还有昨天怎么又缺席补习班了？你到底……”

妈妈的唠叨成了一篇长篇小说，从指责孩子的问题开始到感叹自己的处境、孩子未来的前景以及对现实的分析、对过去事情的埋怨和不满。但问题是，这么长篇幅的唠叨反倒起了不好的作用。

“别再玩游戏了，看书吧。”最好用这种精练的一句话形式来表达，同时父母也应该看书或是干一些有意义的事情。不能出现父母看电视却不让孩子玩游戏的情况。

哦，是吗？

也有5分钟沉默对话法。在与人进行交谈之前，只要等待5分钟再谈，那么沟通就会更加顺畅。大部分人都是想什么就说什么。这样不假思索说出的话会带给别人伤害，伤害引起反对，反对又引起反对，结果双方都成为伤害体。请牢记当共情为先时，家庭沟通的大门会敞开。

小贴士

共情对话法分3个阶段：倾听—共情—说话。父母倾听孩子说话的时候，应该先放下手中的活儿，和孩子进行眼神的交流。这样的做法是在向孩子传达父母是多么重视他所说的话。偶尔能点点头，适时地插一下话、附和一下，会更好。

成为问题的节日

某日，朋友的妻子突然说：

“今天，我看电视新闻说，离婚率比较高的时期是结婚11年的时候。我想有可能结婚10周年纪念日时因为没有举行纪念仪式或是没有去纪念旅行，所以之后的一年内总是吵架，最终导致离婚。”

当时朋友夫妻二人正好是结婚11年，因为疏忽，差点儿错过了结婚10周年纪念仪式和纪念旅行。“哎呀！”反应过来的朋友及时向公司请了假，和妻子一起去济州岛旅行。朋友向绕着弯地说自己想去旅游的妻子表示感谢。旅游回来之后，夫妻二人的关系更加牢固了。

根据统计部门发布的“最近5年离婚统计”，春节过后的2月和3月，以及中秋节[1]过后的10月和11月，离婚率比其他月份平

1 韩国人也过中国农历节日，如春节、中秋节等，但节日所包含的意义和习俗与我国稍有不同。

均高出11.5%。比起结婚后所经历的几十个节日，这个统计结果并不让人十分吃惊，因为节日已经成为问题，幼年时那让人满怀期待的节日已荡然无存。每年不期而至的节日对于大部分人来说都成了“痛苦的旋风”。这样的情况已经持续很多年了，甚至到了没有节日会更好的程度。

但是，节日不可能立即消失，当然现在已经到了不是忍忍就能解决问题的程度。这种痛苦需要我们想想对策，寻找减少痛苦的方法。

首先，让我们来认识一下“节日综合征”到底是个什么东西。节日综合征指在中秋节或是春节来临之际，因压力引起的症状，主要是主妇们表现出的疾患，是一种特殊的文化现象。代表性的症状是头痛、心跳加速、肩痛、便秘、腹痛、腰痛、关节痛。节前2天和节后症状尤其严重，丈夫一定要想办法安全度过这一特殊时期。

节日综合征产生的原因是，节日对于女性来说，劳动强度过于集中，而节日文化本身又偏向男性。非常奇怪的是，丈夫在节日里就会变成一家之长，变成大孝子。要知道，对妻子的包容和理解才能治疗节日综合征。是时候改变一下人们对节日本身的认识了。

节日象征美满、团圆。春节是开启新一年的仪式，中秋是为了纪念繁重的农活安稳地结束而进行的仪式。节日是与一个民族、一个国家息息相关的持续的历史和文化的结晶。但是，为了节日能够持续下去，有必要为符合时代的发展稍加改变。节日里既有事不关己高高挂起的丈夫，最近几年也有年轻的丈夫分担节日劳动的现象。丈夫可以帮助的领域有采购、煎小饼、洗碗等。煎一小时的小饼试试看，也试试拎着沉重的购物筐为了节省哪怕是一点点的钱而走遍市场的购物经历，就会知道妻子和妈妈为什么那么讨厌节日了。

女性的节日综合征绝对不是在装病，也不是妻子不爱干活，而是想得到称赞，带着愉快的心情干活。但是，改变老年人的想法有点儿困难，很难让公公和婆婆去称赞一下儿媳妇。比较现实的是，有可能的话，丈夫要努力改变自己。丈夫比起父母更应该站在妻子的立场想问题。虽然会挨骂，但是说白了比起父母，丈夫与妻子过的日子会更长。在节前，丈夫会经常这么说："一年就两回节日，忍忍吧。把活儿干完就可以了。"站在妻子的立场来看，这真是戳心的话。

话语带来的伤害会在心里埋下愤怒的种子，而且这埋下的愤怒迟早会爆发。

节日里丈夫说话的对策

需要说的话

谢谢。

辛苦了。

好吃。

不能说的话

一年就两回，你忍忍。

我们家就这习惯，你才做了多少啊？好好和婆婆学学。

别人家的儿媳妇都那么能干，你是老大媳妇，就不能好好哄哄婆婆吗？

与节日期间主妇压力相关的资料显示，节日产生压力的原因中，准备食物占47%，与婆家相关联的事务占15%，准备礼物占17%。另外，关于如何缓解节日压力的调查结果是，自我解决的主妇占70%，与家人共同解决的占16%，通过分担家务解决的占6%。可见，主妇自我解决的回答占多数。在这一结果中，如何给节日收尾，答案已经藏在里面了。

对因为干活而筋疲力尽的女性来说，为了增加信心而进行几种活动就好了。举个例子，过完节回到家之后，将一周定为“妻子周”或是“妈妈周”。这一周丈夫和孩子们承担起做家务和洗碗的活儿，或晚上外出就餐，给妻子按摩，一家人去看场电影，观看书画展等享受文化生活，以及其他很多的办法。也有人会说用现金或是名牌包、宝石是否会更好，虽然物质性的礼物有效果，但无论如何也比不上家人真挚的关心和包容。

为了疲劳的妻子和妈妈，我们需要设立一个家庭传统日。事实上，有很多家庭已经开始实行这一行动。节日后，小区附近的饭店和桑拿房人头攒动，人们在不由自主地践行着这种新的文化。节后有缓解行动文化的家庭肯定没有节日综合征，将节日的压力很轻松地一带而过的概率也会提高。

人们非常想知道被称为家庭沟通专家的我是如何度过节日的。我和其他人没什么区别，和妻子一起采购，一起煎小饼，一起挑选婆家、娘家的礼物，去本家祭祀，去娘家呆呆地坐一会儿就开始催促好不容易见到娘家妈妈并愉快聊天的妻子赶紧回家。带着对妻子的愧疚之情，我会告诉妻子从今年开始在娘家多待一天。妻子说倒用不着这样，只需要吃完晚饭在娘家多待一会儿再回家就可以。我也非常乐意地答应了她。节日压力因为在心理层面比较强，如果妻子希望偶尔在娘家多待一会儿，就随她吧。女婿一般情况下在娘家的处境就犹如借来的面袋子——不是自家的，说话也好，不说也罢，都不太自在。但是一年就两次，稍微忍忍就可以了。与娘家人一起去练歌房玩玩，给岳父岳母按摩按摩肩膀。或许做这些事情比买毫无灵魂的名牌包和宝石收尾会更有效果。综上所述，节日收尾的重点是以最大限度地缓解妻子的疲劳为主。

有必要逐步改变过节的方式，这需要以丈夫为主导。举个例子，当全家人都聚在一起的时候，丈夫要提议减少祭祀用食品，减少小煎饼的种类，节日用菜兄弟姐妹各自分担做好带过来，泡菜等费工夫的菜就买来吃等。这样做的话，“谁早来，谁干活多”的矛盾就会自然消失。

世界上没有白来的东西，努力的丈夫肯定能够得到妻子的爱。让我们想得再灵活一些，在节日里没有什么是必须做的，节日里的劳动也不能只让女性分担。这一传统是要消失的，能够说服父母的就尽量说服，那样男人们也能从节日综合征里摆脱出来。

事实上，节日综合征不只是女性才有的症状，丈夫也有节日综合征。我替男性说一句话，其实男人们也希望没有节日。临近节日的时候，丈夫要看妻子的脸色，要看父母的脸色，要看岳父岳母的脸色，要长时间驾车去故乡和亲戚们比来比去，回到家还要望着不说一句的妻子气势汹汹的背影。因此，丈夫更应该好好分析分析妻子生气的原因。

我在节日休假结束后，会和妻子一起去看电影、外出就餐，或者带着剩下的节日没吃完的食品去北汉山玩，愉快地聊天，说说别人的坏话，来缓解压力。夫妻双方都需要这个过程，因为节日很快又会到来。

父母也有节日综合征。人们往往对满的地方不注意，却总在意空出来的地方。当热热闹闹的子女像退潮一样各自回家之后，孙子孙女总是浮现在眼前，父母该是多想他们呀？心里想多看儿子一眼，想让儿子多吃一口，但还得看着急坐不住、想赶紧回娘家的儿媳妇的脸色。也不知道自己有生之年还能看到几次子女。“堵车之前赶紧回家吧。”然而父母的心情却不那么舒服。安慰父母心情的最好办法就是经常问候。经常打电话问候父母，让他们常和孙子孙女通电话，他们那空虚的心灵就会得到点儿慰藉。

全家族团聚的时候很容易引起纷争，结果节日以伤痕累累收尾。事实上，并不会因为是亲戚就一直友好。幼年时期即便是无意识地带给对方的伤害也会引起纠纷，所以要管好自己的嘴巴。我们要构思一下“不给对方带来伤害的对话法”。

说节日是以礼物开始也不为过。“这次春节可不要再买上次拿来的了。”“又是这个？”类似这样的话绝对不能说。很多人认为不至于在这种见面的场合说这些吧，然而意外的是，这种情况有很多。因为不知不觉中说出这种话，所以导致节日气氛从一开始就很糟糕。有“形式支配内容”这样的话，也有“需要讲

空话、谎话”的时候：“下次只要来就行了，不要再买什么了。你们能来看我们就已经很感谢了。”“上次拿来的苹果真的特别好吃。”这种话要经常说。用一句话能还千两的债务，用一句话能让节日变得轻松愉快。

节日是以美食开始，也是以美食结束的。但最重要的是有诚意的制作过程，而不是味道和菜的个数。千万不能忘了这个。可就有这么一些人非要说“杂菜的粉丝都泡糟了，不好吃”“鱼饼干巴巴的”“汤的咸淡是谁调的，太咸了”，抱怨不停。做菜的人能不生气吗？特别是发牢骚的人是什么活儿都不干的婆家人，就会更让人愤怒。

去拜访娘家的时候，要遵守这个原则，好吃就说“好吃”，不好吃的也要说“好吃”。千万拜托！最好适时、适度地持续赞扬，如在饭桌上说“不愧是嫂子做的杂菜，太好吃了”“鱼饼还是弟妹的手艺好”，吃完以后说“为了做这些菜，辛苦了，下次我们也减少一下菜的个数”“下次我请大家在外面吃好吃的”，以这样的方式结尾为好。还有，最好男女老少在一张饭桌上吃饭。无论是从女婿的立场还是儿子的立场来说，一定要等到妈妈和妻子一起入席、一起用餐才行。这些问题需要男人来解决。

不要随便向侄子问这问那。需要了解的话，就在节日聚会前打电话联系，单独问一下才好。孩子也有不想回答的问题。总有一些人一点儿眼色都不会看，在聚会的场合问这问那的，例如“大学怎么样了”“还没找到工作吗”“怎么还不结婚呢”“怎么还没想过要孩子呢”，等等。拜托闭上嘴巴吧。其实，最让人恼火的原因是，提问的这些人平时根本就不关心。这种行为与制造纠纷毫无差别，要是无话可说就闭上嘴巴看电视，如果非要表达自己对晚辈的关心，就避开敏感话题多多表扬孩子。

想在不算长的时间里和亲戚们平安无事地度过，绝对不能说教育谁的话，特别是“现在的孩子”“现在的儿媳妇”“现在的社会变得多好，我们以前……”，以这种方式说的话，就不要开口了。当今社会，孩子连自己父母的话都不爱听，表面上装着听，心里却骂声连连。

在前面我也讲过，比较的话是禁止的，特别是家族里亲戚之间的比较与挑衅没什么差别。想得到爱、得到尊重吗？那么请使用能给予对方爱和尊重的语言吧。

小贴士

节日综合征产生的原因是，节日对于女性来说是劳动强度过度集中的时期，而节日文化本身又偏向男性。非常奇怪的是，丈夫在节日里就会变成一家之长和大孝子。要知道，对妻子的包容和理解才能治疗节日综合征。是时候改变一下人们对节日本身的认识了。

婆家的创伤，丈母娘的压力

婆媳矛盾是连续剧常表现的内容，而这种矛盾是人类共同面临的一个问题。婆媳矛盾是从两种文化的冲突开始的，虽然文化差异中也包含时代差异，但各自原生家庭的固有文化冲突才是最大的问题。在传统文化中，婆婆与儿媳妇的等级差异是被认可的。可是，当人们进入现代社会，这种意识已经有了很大的改变。

最近，美国威斯康星大学传媒专业以133名新婚女性为对象进行了调查，结果显示，大部分女性正在苦恼与婆婆的关系。婆婆对儿媳妇诽谤的、干涉儿媳妇私生活的，大有人在。儿媳妇本能地讨厌婆婆的理由是，自己从小就看着妈妈讨厌婆婆。因此，也可以认为婆媳关系的矛盾在某种程度上是由童年阴影导致的。

婆婆担心儿子结婚后与自己见面的机会变得越来越少，儿媳妇会不会欺负儿子，儿媳妇能不能照顾好儿子。儿媳妇也好，婆婆也罢，爱同一个男人的心情是一样的，但这反倒成为加深矛盾的原因。举例来说，婆婆的想法是“我儿子我最了解，他喜欢吃什么、穿什么，我都知道”，儿媳妇的想法是“婆婆想错了，丈夫其实喜欢吃别的、喜欢穿别的”。

在矛盾开始产生的时候，男性角色尤为重要。大部分男性本能地启动了自我防御系统，选择逃跑或是逃避行为，进而加剧了婆媳矛盾。

加深婆媳矛盾的婆婆与儿媳妇的类型

婆婆的类型

1. 认为儿子是金子的执着儿子型婆婆。
2. 装作有学识、有文化、有内涵的精英型婆婆。
3. 连儿子的内衣都照顾到的直升机型婆婆。
4. 与别家的儿媳妇相比较的比较型婆婆。
5. 用语言伤害儿媳妇的刀子嘴型婆婆。
6. 干涉儿子私生活的干涉型婆婆。
7. 经常说蔑视亲家的话的孤傲型婆婆。

儿媳妇的类型

1. 与娘家人、朋友倾诉对婆家的不满的散布流言型儿媳妇。
2. 丈夫在与不在的时候，用不同的态度对待公婆的双重性格型儿媳妇。
3. 装作有学识、有文化、有内涵的精英型儿媳妇。
4. 大大小小的事都要拿婆家和娘家相比较的比较型儿媳妇。
5. 在丈夫与婆婆间来回传话的离间型儿媳妇。
6. 有不满就沉默的沉默型儿媳妇。
7. 将孩子与公婆相隔离的隔绝型儿媳妇。

最近，岳婿矛盾也成为社会问题。过去，女婿是贵客。如果女婿来了，岳母会杀母鸡来招待。然而，现在已经不这么做了，变成“曾经宰杀母鸡来招待女婿的岳母改收拾女婿”了。

某一婚姻调查公司对已婚的300名男子进行了书面调查。关于“您是否正在经历岳婿矛盾”，有34%的人回答“是”。在如何处理岳婿矛盾的选项里，占第一位（43%）的选择是“最大限度不见面”。尽量远离妻子的娘家人，可能的话就不经常见面，这样的回答真是让人感觉很凄凉。

统计资料显示，倒插门的男性从1990年的1.8万人扩大到2010年的5.3万人，约增加了3倍。这使诱发岳婿矛盾的可能性变得越来越大。实际上，回答“因岳婿矛盾而导致夫妻不和”的男性占55%。未满35岁男性的离婚理由占第一位的是“岳婿矛盾”。反观女性，“与婆家的矛盾”占离婚理由的第三位。由此得出，岳婿矛盾所引发的问题比婆媳矛盾还要严重。

加深岳婿矛盾的理由从本质上讲与婆媳矛盾一样，是对子女过度的执着和过高的期待，即对已婚子女的干涉。另外，社会变化也是加深矛盾的一个原因。在传统生活中，岳母和女

婿之间是没有任何问题的。那是因为，在过去，男人要养家糊口，在这种体制下，岳母没有理由干涉女婿。但是，随着女性权利的强化，女性的经济能力得以发展。一句话，随着共同进入职场工作的夫妻的增加，也会有相同比例的岳母开始担当起育儿的职责，由此导致岳母和女婿不得不经常见面。人与人之间经常见面的话，虽然也能增进感情、增进了解，但与之相反的情况会更加严重。

仔细观察一下，女婿认为产生岳婿矛盾的第一原因是“过度干涉”（56%），第二原因是“蔑视的态度”（35%）。事实上，甚至连女婿回家的时间、家务的分担、生活爱好都要干涉的岳母在不断增加。把女婿当成儿子一样训斥的情况也存在。岳母认为，当女婿蔑视自己的女儿，只让女儿一个人干活，将婆家与娘家差别对待的时候最讨厌。今后，比起婆媳关系，因岳婿矛盾而苦恼的家庭会不断增加。所以，最好现在就想好对策。

避免婆媳矛盾和岳婿矛盾不断增加的第一步就是守礼仪。首先，要承认不可能有像妈妈一样的婆婆，也不可能存在像妈妈一样的岳母。如果相互之间过于随便的话，就会产生误解。因此，像儿媳妇在婆家遵守礼仪一样，女婿也要对岳母遵守一定的礼仪。

好，从现在开始思考一下解决婆媳矛盾的方法。

第一步，努力理解婆婆的嫉妒之心。

对正在经历婆媳矛盾的儿媳妇来讲，对讨厌的婆婆不可能立刻产生友好的感情。但是，儿媳妇过了二三十年后也有可能会变成婆婆。同样，以有儿子的妈妈的立场来看待婆婆，儿媳妇会不会稍微产生理解婆婆的心情呢？无论如何，一定要改变女人将女人树为敌人的社会氛围。

第二步，男人要理解婆媳矛盾的根本。

愚蠢的男性在婆媳矛盾中只偏向自己的妈妈，或者因为认为自己的妈妈是弱者而进行偏袒。在这种情况下，妻子已经不仅是伤心而是愤怒了，认为丈夫和婆婆站在一起成为一伙。但这真是个误会，因为男性还没有进化到能够理解女性之间微妙的感情对立情况的程度。不过，这不是理由，没有进化就应该好好学习。

在以婆婆和儿媳妇为中心的婆媳矛盾中存在着儿子和丈

夫，在岳母与女婿之间存在着女儿和妻子。这是一种三角关系。男性因为站在妈妈的立场上而与妻子对立，或因为站在妻子的立场而与妈妈对立。这时，明智的男子会中立或是偏向妻子。当婆媳发生了实质性冲突时，丈夫要中立。“因为你们两个人，我太累了。都是我的错，所以千万别再吵了。”这就是中立者的态度。

当丈夫站在妻子的立场上时，态度一定要明确，不能模棱两可。有些男性在妈妈面前偏袒妈妈，在妻子面前偏袒妻子。从根本上讲，这样解决不了任何问题，反而会引发纷争。

要丈夫稍微偏袒妻子是有一定原因的。在刚开始的时候，妈妈可能会感到失望，但从长远来讲，这是能够带给所有人幸福的方法。如果偏袒婆婆，那么婆媳矛盾会持续下去，夫妻关系会持续恶化，甚至从妻子口中会说出“要我还是要婆婆，二选一吧”这样的话。说出这样的话真是太糟糕了。但是，如果偏袒妻子的话，虽然婆婆会有些失落，但会结束对儿子过度的关注。而妻子因为得到了坚强后盾——丈夫的支持，侍奉好婆婆的可能性会更高些。这样的战略也带给大家了解彼此的机会，从而结束矛盾。

看着儿子偏袒自己的妻子，婆婆肯定会受到伤害，这个时候作为儿子就要想好在平时如何治愈母亲受伤心灵的对策。妻子与婆婆之间会因为男人错误的一句话，让残余的矛盾火苗立刻重新燃起。因为婆婆也是女人，一想到儿子能够理解自己的立场，气也就消了，态度也会变得柔和。

儿子应该用这样的方式和妈妈说话：

“又发生这样的事情，从母亲您的角度来想肯定很失望。”“我能理解妈妈您伤心的心情，我应该好好处理才对。”“什么，她竟然说了这样的话？妈，您肯定很生气。我一定会好好处理的。”“但是，我向妈拜托一件事，即使您老人家很生气，也不要说过火的话，稍微忍忍。妈本来的想法不是那样的，怕产生误会才那样。我再说说您儿媳妇。”

相对地，要和妻子说这样的话：

“因为婆婆受累了，肯定受了不少委屈吧？”“妈上了岁数像个孩子一样，你能不能理解一下呢？”“事实上，妈也觉得她自己有点儿过分了。和妈说过了，她以后会小心、会注意的。”

以上所说的话有一个共同点，就是不断绝感情。不能纠缠谁对谁错。理解承认对方的感情，采用拜托的方法，这些都适用于化解婆媳矛盾和岳婿矛盾。其实，活着是挺累的。当今社会是越来越难当儿子、当丈夫、当女儿、当妻子了，但是无论如何我们都要勇敢地活下去。

侍奉父母、养育孩子、按时交税，真的非常感谢为了生活您所做的这一切。您是社会的栋梁，是国家的财富。这个社会实在是变化得太快了。这些变化导致的矛盾也越来越多，如果这仅仅是一个人的问题，兴许就很难支撑下去。但当知道这世上还有很多人有着和自己同样的苦恼时，或许能够得到一丝安慰。请不要忘记还有像我这样理解和支持您的人存在。希望我的存在能带给您小小的安慰。

加油！等待我们的终将是美好的未来！

小贴士

美国威斯康星大学传媒专业以133名新婚女性为对象进行调查，结果显示，大部分女性正在苦恼与婆婆的关系。有些婆婆会诽谤儿媳妇，甚至干涉她的私生活。这个时候，丈夫应该站在妻子的立场上。最初，婆婆可能会有点儿失落，但从长远来看，这是让所有人都幸福的方法。如果丈夫站在婆婆的立场，会让婆媳矛盾继续，让夫妻关系恶化。

家庭誓死也要遵守的20条沟通准则

1.家庭的自尊感呼唤幸福。

2.自尊感高的夫妻没有值得争吵的事情，因为有积极的思想作为后盾。

3.积极的力量是从否定开始的。学会否定目前的状况也是很有必要的。

4.提高自信感。不要忘记，您现在最需要的不是与他人进行比较，而是学会回头审视自己。

5.要帮助子女学会自主思考，能够自己做决定。

6.子女的自尊感是在与父母的相处中形成的。父母的态度决定子女自尊感的高与低。

7. 比起把孩子培养成英才，更应该培养孩子的自尊感和忍耐力。

8. 提高自尊感的方法是学会爱护自己，绝对不与任何人进行比较。另外，不要埋怨他人，要学会赞扬别人。

9. 运动也有利于提高自尊感。制订好目标，做简单的运动，能够得到生活的能量。

10.夫妻之间提高自尊感的方法是互相赞扬和注意遵守礼仪，养成每天称赞配偶一次的习惯。夫妻对话的时候，应该遵守最基本的礼仪，即不要与他人比较。

11.沟通不是自然形成的，首先要有共情。

12.共情对话法是由倾听—共情—说话3阶段组成的。

13.提高孩子自尊感最好的方式是“倾听”。仅仅是单纯的倾听，就能提高孩子的自尊感。

14.首先用“是的”接纳孩子的意见，然后用“但是”来给予问题的解决方案。请使用“是的—但是”对话法。孩子会因为父母尊重自己的想法，而采纳父母的意见。

15.请习惯将主语从“你”换成“我”的对话法。这样在不伤害对方感情的前提下，能够有效地传达自己的想法。

16.向孩子提问的时候，“怎么了”比“为什么”要好。“为什么”强调的是结果，有质问错误和刁难的感觉，“怎么了”是询问过程的提问，给被问的人很舒服的感觉。

17.和孩子讲话的时候，请不要使用指示性语气，尤为重要的是少说缺点，多说优点。

18.大部分人都是想说就说，在与人对话的时候先等5分钟，会使沟通更加顺畅。

19.为了战胜节日综合征，需要改变对节日的认识，理解女性和谨慎发言，并健全节后释压文化。

20.防止婆媳矛盾和岳婿矛盾的第一步是遵守基本礼仪。产生婆媳矛盾时，丈夫要无条件地站在妻子这一方。在妈妈面前偏袒妈妈，在妻子面前偏袒妻子的做法反倒会适得其反，引起纷争。